O nascimento da tragédia

ou Grecidade e pessimismo

Livros de Nietzsche pela **L&PM** EDITORES:

Além do bem e do mal
O anticristo
Assim falou Zaratustra
Crepúsculo dos ídolos
Ecce homo
A filosofia na era trágica dos gregos
O nascimento da tragédia ou Grecidade e pessimismo
Nietzsche – obras escolhidas: Além do bem e do mal, O anticristo, Ecce homo
Por que sou tão sábio

Leia também na Coleção **L&PM** POCKET:

Assim falou Zaratustra (MANGÁ)
Nietzsche – Jean Granier (Série Encyclopaedia)
Nietzsche – Dorian Astor (Série biografias)

NIETZSCHE

O nascimento da tragédia

ou Grecidade e pessimismo

Tradução e notas Renato Zwick

www.lpm.com.br

L&PM POCKET

Coleção **L&PM** POCKET, vol. 1379

Texto de acordo com a nova ortografia

Título original: *Die Geburt der Tragödie: oder Griechenthum und Pessimismus*
Tradução baseada no volume 1 da *Kritische Studienausgabe* (Edição Crítica de Estudos) das obras de Friedrich Nietzsche aos cuidados de Giorgio Colli e Mazzino Montinari, 3ª ed., Berlim/Nova York: De Gruyter, Munique: DTV, 1999, p. 9-156
Capa: Ivan Pinheiro Machado
Tradução e notas: Renato Zwick
Preparação: Nanashara Behle
Revisão: Mariana Donner da Costa

CIP-Brasil. Catalogação na Publicação
Sindicato Nacional dos Editores de Livros, RJ

N581n

Nietzsche, Friedrich Wilhelm, 1844-1900
O nascimento da tragédia: ou grecidade e pessimismo / Friedrich Nietzsche; tradução Renato Zwick. – 1. ed. – Porto Alegre [RS]: L&PM, 2025.
240 p. ; 18 cm. (L&PM POCKET, v. 1379)

Tradução de: *Die Geburt der Tragödie: oder Griechenthum und Pessimismus*
ISBN 978-65-5666-550-4

1. O Trágico. 2. Teatro grego (Tragédia). I. Zwick, Renato. II. Título. III. Série.

25-96038 CDD: 882
CDU: 82-2(38)

Gabriela Faray Ferreira Lopes - Bibliotecária - CRB-7/6643

Rua Comendador Coruja, 314, loja 9 – Floresta – 90.220-180
Porto Alegre – RS – Brasil / Fone: 51.3225.5777

Pedidos & Depto. comercial: vendas@lpm.com.br
Fale conosco: info@lpm.com.br
www.lpm.com.br

Impresso no Brasil
Inverno de 2025

Sumário

Tentativa de autocrítica

1.

Seja lá o que for que esteja na base deste livro questionável: deve ter sido uma questão de primeiro escalão e encanto, e, além disso, uma questão profundamente pessoal – testemunho disso é a época na qual ele surgiu, *apesar* da qual ele surgiu, a época turbulenta da Guerra Franco-Prussiana de 1870-71. Enquanto os estrondos da batalha de Wörth[1] se difundiam sobre a Europa, o cismador e amigo de enigmas a quem coube a paternidade deste livro estava sentado algures num recanto dos Alpes,[2] muito

1. Ou Wœrth, cidade francesa da Baixa Alsácia em que, a 6 de agosto de 1870, ocorreu uma batalha entre o exército renano francês e o terceiro exército alemão. (Todas as notas são do tradutor e foram elaboradas em sua maior parte com base no *Kommentar zu Nietzsches Die Geburt der Tragödie*, de Jochen Schmidt, Berlim/Boston, De Gruyter, 2012.)

2. Em 30 de julho de 1870, Nietzsche e sua irmã, Elisabeth, deixaram a idílica localidade de Tribschen, nos arredores da cidade suíça de Lucerna, onde haviam visitado o compositor Richard Wagner (1813-1883) e sua futura esposa, Cosima (1837-1930). Seguiram para o Maderanertal, um vale localizado no cantão de Uri, onde Nietzsche trabalhou em um ensaio intitulado “A visão de mundo dionisíaca”, (cont.)

enredado em cismas e enigmas – por conseguinte, muito preocupado e despreocupado ao mesmo tempo –, e registrava seus pensamentos sobre os *gregos* – o cerne do livro extravagante e de difícil acesso ao qual é dedicado este prólogo (ou epílogo) tardio. Algumas semanas depois: e ele se encontrava sob os muros de Metz,[3] ainda não desembaraçado das interrogações que levantara a propósito da suposta "serenidade"[4] dos gregos e da arte grega; até que enfim, naquele mês de profundíssima tensão, quando em Versalhes[5]

(cont.) texto que constitui um estágio preliminar de *O nascimento da tragédia*.

3. Cidade francesa, parte do teatro de operações da Guerra Franco-Prussiana, ponto de partida de um trem-hospital com destino à cidade alemã de Karlsruhe. Nietzsche voluntariou-se como enfermeiro e, em 2 de setembro de 1870, foi designado para acompanhar o transporte de feridos e doentes graves; nessa função, contraiu disenteria e difteria, obtendo dispensa alguns dias depois.

4. *Heiterkeit*, termo que também admite a tradução por "jovialidade". A noção de uma "serenidade grega" alcançou grande difusão graças à obra *Geschichte der Kunst des Alterthums* [História da arte da Antiguidade] (1764), de Johann Joachim Winckelmann (1717-1768). Para o autor, a localização intermediária da Grécia, entre os extremos climáticos e geográficos do norte e do sul, predisporia à harmonia: quanto mais a natureza e a arte estivessem próximas dessa zona intermediária, tanto "mais serenas e mais alegres" elas seriam (parte I, cap. 4, seção 1).

5. As negociações de paz entre franceses e alemães, de 21 a 25 de fevereiro de 1871, em Versalhes, resultaram em uma perda territorial para a França: esta cedeu para a Alemanha a Alsácia (sem o departamento de Belfort) e uma parte da Lorena (incluindo Metz) habitada em sua (cont.)

se deliberava sobre a paz, ele também selou a paz consigo próprio e, convalescendo lentamente de uma doença que trouxera para casa do campo de batalha, constatou em si o definitivo *Nascimento da tragédia a partir do espírito da* música.[6] – A partir da música? Música e tragédia? Gregos e música de tragédias? Gregos e a obra de arte do pessimismo? A espécie de seres humanos mais bem lograda, mais bela, mais invejada, que mais seduz à vida dentre aquelas que até hoje existiram, os gregos – como? Justamente eles *necessitavam* da tragédia? Mais ainda – da arte? Para que – arte grega?...

Adivinha-se em que lugar se colocou assim a grande interrogação sobre o valor da existência. Será o pessimismo *necessariamente* o indício do declínio, da derrocada, do malogro, dos instintos cansados e enfraquecidos? Tal como o era entre os hindus, tal como o é, ao que tudo parece, entre nós, europeus e homens "modernos"? Haverá um pessimismo da *força*? Uma predileção intelectual pelo que há de duro, terrível, mau e problemático na existência,

---

(cont.) maior parte por uma população de falantes do alemão. Os estágios que culminaram nesse desfecho foram o cerco e a derrota de Metz (de 20 de agosto a 29 de outubro de 1870); a batalha de Sedan, vencida pelos alemães em 1º de setembro de 1870; a prisão de Luís Bonaparte (1808-1873), ou Napoleão III; o cerco e o bombardeio de Paris a partir de 19 de setembro; a proclamação do rei Guilherme I da Prússia como imperador alemão em 18 de janeiro de 1871 e a capitulação de Paris, em 28 de janeiro.

6. Este era o título completo do livro em sua primeira edição, publicada em 1872.

predileção oriunda do bem-estar, da saúde transbordante, da *abundância* da existência? Haverá talvez um sofrer causado pela própria superabundância? Uma tentadora valentia do olhar aguçadíssimo que *exige* o terrível como se exigisse o inimigo, o inimigo digno com o qual possa testar sua força? Com quem ela queira aprender o que é "o temer"?[7] O que significa o mito *trágico* precisamente entre os gregos da melhor época, da época mais forte, mais valente? E o tremendo fenômeno do dionisíaco? O que significa a tragédia, dele nascida? – E, por outro lado: aquilo que levou à morte da tragédia, o socratismo da moral, a dialética, o contentamento e a serenidade do homem teórico – como? Não poderia precisamente esse socratismo ser um sinal de declínio, de cansaço, adoecimento, de instintos se desagregando anarquicamente? E a "serenidade grega" da grecidade[8] tardia,

---

7. Na ópera *Siegfried*, de Wagner, terceira parte da tetralogia *O anel dos nibelungos*, o personagem-título é designado pelo deus Wotan como "aquele que não aprendeu o temer". A expressão, proverbial, origina-se de um conto dos irmãos Grimm, "História de um rapaz que partiu a fim de aprender o que é o temer".

8. Qualidade ou condição de grego; caráter ou qualidade peculiar do que ou de quem é grego. Embora um termo mais usual, "helenismo", também pudesse ser usado para verter *Griechenthum*, optou-se por "grecidade" por ser menos ambíguo, já que "helenismo" pode designar: 1) construção própria do idioma grego, 2) o conjunto da civilização grega, em especial a do período helenístico (após Alexandre, o Grande, 356-323 a.C.), marcada pelas influências orientais, 3) a civilização e a cultura que se desenvolveram fora da (cont.)

não seria ela apenas um arrebol? A vontade epicurista dirigida *contra* o pessimismo apenas uma cautela do sofredor? E a própria ciência, a nossa ciência – sim, o que significa, afinal, encarada como sintoma da vida, toda ciência? Para que serve, ou, mais sério que isso, *de onde provém* – toda ciência? Como? Será a cientificidade, talvez, apenas um receio e um refúgio face ao pessimismo? Uma sutil legítima defesa contra – a *verdade*? E, falando em termos morais, algo como covardia e falsidade? Falando em termos amorais, uma esperteza? Oh, Sócrates, Sócrates, talvez fosse esse o *teu* mistério? Oh, misterioso ironista, talvez fosse essa a tua – ironia? – –

2.

O que então cheguei a apreender, algo terrível e perigoso, um problema com chifres,[9] não necessária e exatamente um touro, em todo caso um *novo* problema: hoje eu diria que era o próprio *problema da ciência* – a ciência apreendida pela primeira vez

---

(cont.) Grécia por influência do pensamento e da cultura gregos e 4) a devoção aos (ou a imitação dos) costumes, estilos e pensamento da Grécia antiga.

9. Alusão aos "chifres" como termo da lógica. Refere-se às consequências contraditórias de um dilema lógico resultante da admissão de duas proposições mutuamente excludentes. Já na disputa sofistica, o dilema era usado para "espetar nos chifres" o adversário, isto é, enredá-lo em contradições.

como problemática, como questionável.[10] Mas o livro no qual então dei largas à minha coragem e à minha suspeita juvenis – que livro *impossível* tinha de resultar de uma tarefa tão contrária à juventude! Construído apenas com vivências pessoais prematuras e extremamente verdes, situadas todas elas bem próximo do limiar do comunicável, colocado sobre o terreno da *arte* – pois o problema da ciência não pode ser reconhecido no terreno da ciência –, um livro, talvez, para artistas com o pendor secundário de faculdades analíticas e retrospectivas (isto é, para uma espécie de artistas que constitui exceção, que precisam ser procurados e nem sequer poderiam sê--lo...), repleto de inovações psicológicas e segredos de artista, com uma metafísica de artista ao fundo, uma obra de juventude repleta de valentia juvenil e melancolia juvenil, independente, obstinadamente autônoma mesmo quando parece se curvar a uma autoridade e a uma veneração peculiar, em suma, a primeira obra também em toda a acepção negativa do termo, acometida por todos os erros da juventude apesar de seu problema avelhentado, sobretudo com o seu "longo demais", com a "sua tempestade e o seu ímpeto":[11] por outro lado, em vista do sucesso que

10. Na literatura, esse tema já havia sido abordado por Goethe: no monólogo de abertura do personagem-título e, mais adiante, na chamada "tragédia de erudito" de seu *Fausto*, o poeta tematizou em grande estilo o "problema da ciência".

11. Expressão que alude ao movimento literário com esse nome que vicejou na Alemanha por volta de 1767 a 1785 e se caracterizou pela revolta contra o racionalismo iluminista, (cont.)

alcançou (em especial junto ao grande artista a quem se dirigiu como em um diálogo, junto a Richard Wagner), um livro *provado*, isto é, um livro que, em todo caso, satisfez "aos melhores de seu tempo".[12] Logo, ele já deveria ser tratado com alguma consideração e discrição; apesar disso, não quero reprimir completamente o quanto ele me parece desagradável, o quanto é estranho vê-lo diante de mim após dezesseis anos – diante de um olhar mais velho, cem vezes mais exigente, mas que de modo algum se tornou mais frio, ao qual tampouco se tornou mais alheia aquela tarefa que aquele livro audaz ousou abordar pela primeira vez – *ver a ciência sob a ótica do artista, mas a arte, sob a ótica da vida...*

3.

Dito mais uma vez, hoje ele é para mim um livro impossível – considero-o mal escrito, pesado, penoso, com imagens furiosas e confusas, sentimental, açucarado aqui e ali até as raias da feminilidade, desigual no andamento, sem vontade de asseio lógico, muito

---

(cont.) pela ênfase nos sentimentos e pelo desejo de liberdade. O nome provém da peça homônima de F. M. Klinger (1752-1831) e, visto que esse movimento foi o precursor direto e mais exaltado do romantismo na Alemanha, a expressão também costuma ser usada jocosamente para referir-se aos anos de juventude de alguém.

12. Alusão a dois versos do prólogo da trilogia *Wallenstein*, de Schiller: "Pois quem aos melhores de seu tempo / Satisfez, viveu para todos os tempos".

convicto e, por isso, isentando-se de demonstrações, desconfiado inclusive em relação à *pertinência* das demonstrações, como livro para iniciados, como "música" para aqueles que foram batizados na música,[13] ligados desde o começo das coisas devido a experiências artísticas raras e feitas em comum, como sinal de reconhecimento para parentes consanguíneos *in artibus* [na esfera das artes] – um livro orgulhoso e entusiasmado, que de antemão se cerra ainda mais ao *profanum vulgus*[14] dos "cultivados" do que ao "povo", mas que, como demonstrou e demonstra seu efeito, também deve saber muito bem como encontrar seus coentusiastas e atraí-los a novos caminhos secretos e lugares de dança.[15] Nele falava, em todo caso – as pessoas admitiram isso tanto com curiosidade quanto com aversão –, uma voz *estranha*, o discípulo de um "deus desconhecido"[16] ainda, que, por ora, se escondia sob o capuz do erudito, sob o peso e o mau humor dialético do homem alemão, inclusive sob os

13. Paródia da expressão bíblica "ser batizado em Cristo" (Gálatas, 3, 27).

14. Alusão a um verso de Horácio (*Odes*, 3, 1, 1): *Odi profanum vulgus et arceo*, "Odeio o profano vulgo e o afasto".

15. Alusão a Dioniso, deus do vinho e da dança, e seu séquito, formado por mênades, sátiros e silenos. As mênades eram ninfas campestres; os sátiros eram semideuses das florestas dotados de orelhas pontudas, nariz achatado e cauda e pés de bode; os silenos (ou Sileno, já que em outra tradição trata-se de apenas um indivíduo) assemelhavam-se aos sátiros, mas eram gordos e calvos.

16. Dioniso; a expressão provém do Novo Testamento, Atos dos Apóstolos, 17, 23.

maus modos do wagneriano; nele havia um espírito com necessidades estranhas, ainda inominadas, uma memória abarrotada de perguntas, experiências e segredos aos quais o nome de Dioniso se juntava como uma interrogação a mais; nele falava – assim diziam-se as pessoas com suspeita – algo como uma alma mística e quase menádica que, com esforço e arbitrariamente, quase indecisa sobre se quer se comunicar ou se ocultar, balbucia por assim dizer numa língua estrangeira. Ela deveria *ter cantado*, essa "nova alma" – e não falado! Que lástima eu não ter ousado dizer como poeta o que na época tinha a dizer: talvez eu tivesse conseguido! Ou, pelo menos, como filólogo: afinal, mesmo hoje, quase tudo nesse campo ainda aguarda que o filólogo o descubra e o desenterre! Sobretudo, o problema *de que* aí exista um problema – e de que os gregos, enquanto não tivermos uma resposta à pergunta "o que é dionisíaco?", nos sejam, como até agora, completamente desconhecidos e inconcebíveis...

4.

Sim, o que é dionisíaco? – Neste livro há uma resposta a isso – nele fala um "sabedor", o iniciado e discípulo de seu deus. Talvez eu agora falasse com mais cautela e menos eloquência sobre uma questão psicológica tão difícil quanto a origem da tragédia entre os gregos. Uma questão fundamental é a relação do grego com a dor, seu grau de sensibilidade – essa relação se manteve igual? Ou se inverteu? –, a questão de saber se sua cada vez mais intensa *ânsia de beleza*, de festas, diversões e novos cultos[17] realmente surgiu da deficiência, da privação, da melancolia, da dor. Pois supondo que justamente tal fosse verdade – e Péricles (ou Tucídides) nos dá isso a entender no grande discurso fúnebre[18] –: de onde proviria então a exigência oposta, que, em termos cronológicos, apareceu antes, a *ânsia do feio*,[19] a boa e rigorosa vontade de pessimismo do heleno mais antigo, a vontade de mito trágico, de imagem de tudo o que há de terrível, mau, enigmático, aniquilador e funesto na base da existência – de onde deveria então provir a tragédia? Talvez do *prazer*, da força, da saúde transbordante, da desmesurada abundância? E que significado tem então, perguntando fisiologicamente, aquele delírio

---

17. Durante a Guerra do Peloponeso (431-404 a.C.), Atenas foi subitamente invadida por cultos orgiásticos estrangeiros oriundos da Ásia; é o caso dos cultos de Cibele, Átis e Adônis, mas, sobretudo, de Sabázio, um deus da embriaguez e do êxtase afim a Dioniso.

18. Tucídides, *A guerra do Peloponeso*, livro 2, cap. 35-46. Cogita-se que o discurso fúnebre pronunciado por Péricles tenha passado por alguma elaboração estilística da parte de Tucídides; por isso Nietzsche escreve "Péricles (ou Tucídides)".

19. A partir da publicação, em 1853, de *Ästhetik des Häßlichen* [Estética do feio], de Karl Rosenkranz, a reflexão sobre o fenômeno da feiura adquiriu especial interesse. A projeção aos "helenos mais antigos" de explanações sobre o feio e o mau encontra-se, pois, no horizonte da estética contemporânea de Nietzsche. Considere-se também a expressão poética dessas questões em *As flores do mal*, de Baudelaire (1857).

do qual surgiram tanto a arte trágica quanto a arte cômica, o delírio dionisíaco? Como? Talvez o delírio não seja necessariamente o sintoma da degeneração, do declínio, da cultura ultratardia? Existirão talvez – uma questão para alienistas – neuroses da *saúde*? Da juventude e da juvenilidade dos povos? Ao que aponta aquela síntese de deus e bode no sátiro? A partir de que vivência pessoal, devido a que ímpeto o grego tinha de imaginar como sátiro o entusiasta e homem primordial dionisíaco? E no que respeita à origem do coro trágico: havia talvez, naqueles séculos em que o corpo grego florescia e a alma grega transbordava de vida, êxtases endêmicos? Visões e alucinações que se comunicavam a comunidades inteiras, a congregações cultuais inteiras? Como? E se os gregos, justamente na riqueza de sua juventude, tivessem a vontade *do* trágico e fossem pessimistas? E se foi justamente o delírio, para usar um dito de Platão[20], que trouxe as *maiores* bênçãos sobre a Hélade? E se, por outro lado e ao contrário, os gregos tivessem, justamente nos tempos de sua dissolução e fraqueza, se tornado cada vez mais otimistas, mais superficiais, mais histriônicos, também ardendo cada vez mais pela lógica e pela logicização do mundo, ou seja, ao mesmo tempo "mais serenos" e "mais científicos"? Como? Poderiam talvez, a despeito de todas as "ideias modernas" e todos os preconceitos do gosto democrático, a vitória

20. *Fedro*, 244a: "[...] a verdade é que os maiores bens nos vêm do delírio, que é, sem a menor dúvida, uma dádiva dos deuses" (tradução de Carlos Alberto Nunes, *Diálogos*, v. 5, Belém, Edufpa, 1975).

do *otimismo*, a *racionalidade* tornada predominante, o *utilitarismo* prático e teórico, tal como a própria democracia, da qual ele é contemporâneo – ser um sintoma da força decrescente, da velhice iminente, do cansaço fisiológico? E precisamente *não* – o pessimismo? Foi Epicuro um otimista – precisamente como *sofredor*? – – Vemos que se trata de todo um feixe de difíceis questões que este livro tomou sobre si – acrescentemos ainda a sua mais difícil questão! O que significa, vista sob a ótica da *vida* – a moral?...

5.

Já no prefácio a Richard Wagner, a arte – e *não* a moral – é apresentada como a atividade verdadeiramente *metafísica* do ser humano; no próprio livro, retorna várias vezes a tese sugestiva de que a existência do mundo só se *justifica* como fenômeno estético. De fato, o livro inteiro conhece apenas um sentido artístico e um sentido oculto artístico por trás de todo o suceder – um "deus", caso se queira, mas sem dúvida apenas um deus-artista inteiramente irrefletido e amoral, que tanto no construir quanto no destruir, tanto no bom quanto no ruim quer experimentar o mesmo prazer e a mesma autocracia, que, criando mundos, livra-se da *aflição* da abundância e da *superabundância*, do *sofrimento* dos opostos nele acumulados. O mundo, a cada instante a libertação *alcançada* por deus, como a visão eternamente cambiante, eternamente nova do ser mais sofredor, mais antitético, mais rico em contradições, que só sabe se libertar na *aparência*: toda essa metafísica de artista pode ser chamada de arbitrária, ociosa, fantástica – o essencial nisso é que ela já denuncia um espírito que, certo dia, correndo todos os riscos, se defenderá contra a interpretação e a significância *morais* da existência. Aí se anuncia, talvez por vez primeira, um pessimismo "além do bem e do mal",[21] aí se expressa em palavra e fórmula aquela "perversidade da índole"[22] contra a qual Schopenhauer não se cansou de lançar com antecedência suas mais furibundas maldições e fulminações – uma filosofia que ousa deslocar, degradar a própria moral para o mundo do fenômeno e não apenas para o âmbito dos "fenômenos" (no sentido do *terminus technicus* idealista[23]), mas para o das "ilusões", como aparência, loucura, erro, interpretação, rearranjo, arte. A profundidade desse pendor *antimoral* talvez possa ser avaliada da melhor maneira a partir do silêncio cauteloso e hostil com que o

---

21. A expressão dá título ao livro que Nietzsche publicou no mesmo ano em escreveu esta tentativa de autocrítica, 1886.

22. *Parerga und Paralipomena* [Parergos e paralipômenos], v. 2, cap. 8, "Sobre a ética", § 109: "Que o mundo tenha apenas um significado físico e nenhum significado moral, eis o maior erro, o mais pernicioso, o erro fundamental, a verdadeira *perversidade* da índole, e, no fundo, por certo também é o que a fé personificou como o Anticristo".

23. Referência a Immanuel Kant, que distingue entre *fenômeno* e *númeno*. O fenômeno é tudo o que pode ser apreendido pelas formas apriorísticas da intuição (tempo e espaço) e pelas categorias inatas do entendimento (unidade, pluralidade, totalidade etc.), enquanto o númeno é a "coisa em si", que seria o fundamento inapreensível do fenômeno.

cristianismo é tratado no livro inteiro – o cristianismo entendido como a mais desvairada transfiguração do tema moral até agora ouvida pela humanidade. Na verdade, não há maior antítese à interpretação e à justificação puramente estéticas do mundo, tal como ensinadas neste livro, do que a doutrina cristã, que é e pretende ser *apenas* moral, e que com seus critérios absolutos – por exemplo, já com a sua veracidade de Deus – relega a arte, *toda* arte ao reino da *mentira* – isto é, nega-a, amaldiçoa-a, condena-a. Por trás de semelhante modo de pensar e de valorar, que tem de ser hostil à arte sempre que for de algum modo genuíno, também senti desde sempre o *elemento hostil à vida*, a aversão rancorosa e vingativa à vida mesma: pois toda vida repousa sobre a aparência, a arte, a ilusão, a ótica, a necessidade do elemento perspectivístico e do erro. O cristianismo foi, desde o início, essencial e fundamentalmente, o nojo e o fastio que a vida sente da vida, os quais apenas se disfarçavam, apenas se escondiam e apenas se adornavam com a fé em uma "outra" vida ou uma vida "melhor". O ódio ao "mundo", a maldição lançada sobre os afetos, o medo da beleza e da sensualidade, um além inventado para melhor caluniar o aquém, no fundo uma ânsia de nada, de fim, de descanso, chegando até ao "sabá dos sabás"[24] – tudo isso, tal como a vontade incondicional do cristianismo de *apenas* admitir valores morais, sempre me pareceu ser a mais perigosa e a mais medonha forma dentre todas as formas possíveis de uma "vontade de soçobro", pelo menos, um sinal

24. Do hebraico *shabbath*, "(dia de) repouso".

de profundíssimo adoecimento, cansaço, desalento, esgotamento, empobrecimento da vida – pois, face à moral (em especial a moral cristã, isto é, a moral incondicional), a vida *tem de* ser constante e inevitavelmente injustiçada, pois a vida *é* algo essencialmente amoral – a vida *tem de* ser por fim, esmagada sob o peso do desdém e do eterno não, sentida como indigna de ser desejada, como desprovida, em si, de valor. A própria moral – como? Não seria a moral uma "vontade de negação da vida", um instinto secreto de aniquilação, um princípio ruinoso, apequenador e caluniador, um começo do fim? E, por conseguinte, o perigo dos perigos?... Foi *contra* a moral, portanto, que, com este livro questionável, voltou-se então meu instinto, como um instinto que advogava em favor da vida, inventando uma radical antidoutrina e antivaloração da vida, puramente artística, *anticristã*. Como chamá-la? Como filólogo e homens das palavras, batizei-a, não sem alguma liberdade – pois quem saberia o verdadeiro nome do Anticristo? –, com o nome de um deus grego: chamei-a de *dionisíaca*. –

6.

Compreende-se que tarefa ousei tocar já com este livro?... Quanto lamento agora que na época ainda não tivesse a coragem (ou a imodéstia?) de permitir-me, sob todos os aspectos, também uma *linguagem própria* para concepções e ousadias tão próprias – que buscasse de modo penoso, com fórmulas schopenhauerianas e kantianas, expressar valorações estranhas e novas, que se opunham de modo radical ao espírito de Kant e de Schopenhauer, bem como a seu gosto! O que pensava Schopenhauer, afinal, sobre a tragédia? "O que confere a todo o trágico seu peculiar elã de edificação" – diz ele em *O mundo como vontade e representação*, v. 2, cap. 37 – "é o desabrochar do entendimento de que o mundo e a vida não podem proporcionar satisfação verdadeira, logo, de que *não valem* nosso apego: nisso consiste o espírito trágico – ele conduz, por conseguinte, à *resignação*." Oh, quão diferentemente Dioniso falava a mim! Oh, quanto estava longe de mim na época justamente todo esse resignacionismo! – Mas há no livro algo muito pior, que agora lamento ainda mais do que ter obscurecido e arruinado pressentimentos dionisíacos com fórmulas schopenhauerianas: a saber, o fato de ter *arruinado* completamente o grandioso *problema grego*, tal como o compreendera, graças à mistura das coisas mais modernas! O fato de alimentar esperanças onde nada havia a esperar, onde tudo apontava com demasiada nitidez para um final! O fato de eu, com base na recente música alemã, começar a fabular a respeito do "ser alemão",[25] como se ele estivesse justamente a ponto de se descobrir e reencontrar – e isso numa época em que o espírito alemão, que não fazia muito ainda tivera a vontade

---

25. O "ser alemão" tornou-se um motivo literário a partir do poema nacionalista "*Deutschlands Beruf*" ("A missão da Alemanha", 1861), de Franz Emanuel August von Geibel (1815-1884), cujos dois últimos versos são:
"E que graças ao ser alemão / Possa o mundo convalescer então".

de dominar a Europa, a força para governar a Europa, acabara de *abdicar* testamental e definitivamente, e, sob o pomposo pretexto da fundação de um Reich,[26] fez sua transição à mediocrização, à democracia e às "ideias modernas"! De fato, nesse meio-tempo aprendi a pensar com bastante desesperança e impiedade a respeito desse "ser alemão", igualmente da atual *música alemã*, que é romantismo de ponta a ponta e a menos grega de todas as formas artísticas possíveis: mas, além disso, uma arruinadora de nervos de primeira ordem, duplamente perigosa num povo que aprecia a bebida e honra a obscuridade como virtude, a saber, em sua dupla qualidade de narcótico embriagador e ao mesmo tempo *atordoante*. – Contudo, à parte todas as esperanças precipitadas e aplicações errôneas a coisas atualíssimas, com as quais arruinei então meu primeiro livro, a grande interrogação dionisíaca, tal como nele apresentada, ainda subsiste, mesmo com relação à música: como deveria ser uma música que não mais fosse de origem romântica, como a música alemã – e sim de origem *dionisíaca*?...

7.

– Mas, meu senhor, o que no mundo inteiro é romantismo se o *seu* livro não for romantismo? Po-

26. A unificação dos estados alemães no Deutsches Reich, ou Império Alemão, em 18 de janeiro de 1871, pouco antes do fim da Guerra Franco-Prussiana (1870-71). Foi o chamado Segundo Reich (1871-1918), sucessor do Sacro Império Romano da Nação Alemã (962-1806).

derá o ódio profundo contra o "tempo de agora", a "realidade" e as "ideias modernas" ser levado mais longe do que sucedeu em sua metafísica de artistas? – A qual prefere acreditar no nada, prefere acreditar no Diabo do que no "agora"? Não há um baixo fundamental de ira e prazer aniquilador rosnando sob toda a sua arte vocal contrapontística e suas seduções para os ouvidos, uma determinação furiosa contra tudo o que é "agora", uma vontade que não está muito longe do niilismo prático e que parece dizer "antes nada seja verdade do que *vós* terdes razão, do que *vossa* verdade estar com a razão!"? Ouça o senhor mesmo, meu senhor pessimista e divinizador da arte, com os ouvidos mais abertos, um único trecho selecionado de seu livro, aquele trecho, a que não falta eloquência, sobre os matadores de dragões, que, para ouvidos e corações jovens, poderá soar como um ardil e uma armadilha para ratos: como? Não é esta a autêntica e verdadeira profissão de fé dos românticos de 1830, oculta sob a máscara do pessimismo de 1850?[27] Por trás da qual também já se preludia o costumeiro *finale* dos românticos – rompimento, colapso, retorno e queda diante de uma velha fé, diante *do* velho Deus... Como? Seu livro de pessimista não é ele próprio um fragmento de antigrecidade e romantismo, inclusive

27. Com a publicação de *Parerga und Paralipomena* [Pargergos e paralipômenos], em 1851 (prefácio datado de dezembro de 1850), inicia-se a popularização do pessimismo de Schopenhauer, cujas primeiras obras (o primeiro volume de *O mundo como vontade e representação* fora publicado em 1818) tiveram limitada repercussão.

algo "tão embriagador quanto atordoante", um narcótico em todo caso, uma peça de música até, de música *alemã*? Mas ouçamos:[28]

> Imaginemos uma nova geração com essa impavidez do olhar, com esse traço heroico intensificado de modo descomunal, imaginemos o passo audaz desses matadores de dragões, a orgulhosa ousadia com que voltam as costas a todas as doutrinas da debilidade próprias do otimismo para, de modo completo e pleno, "viver resolutamente":[29] *não seria necessário* que o homem trágico dessa cultura, em sua autoeducação para a seriedade e para o pavor, aspirasse a uma nova arte, *a arte do consolo metafísico*, a tragédia na qualidade de Helena que lhe cabe, e exclamasse com Fausto:
>
> E não deveria eu, força de imenso anelo,
> Trazer à vida a figura mais sem paralelo?[30]

"Não seria *necessário*?"... Não, três vezes não! Vós, jovens românticos: *não* seria necessário! Mas é muito provável que isso *termine* assim, que *vós* termineis assim, a saber, "consolados", como está escrito,[31]

---

28. O trecho citado faz parte do capítulo 18.
29. Goethe, *Poemas*, "Confissão geral", verso 35.
30. Goethe, *Fausto II*, "Noite de Valpúrgis clássica", versos 7438-39.
31. Com a fórmula "está escrito", o Novo Testamento refere-se com frequência ao Antigo Testamento. É o caso, (cont.)

apesar de toda autoeducação para a seriedade e para o pavor, "metafisicamente consolados", em suma, como terminam os românticos, *cristãmente*... Não! Deveríeis aprender, em primeiro lugar, a arte do consolo *aquém-mundo* – deveríeis aprender a *rir*, meus jovens amigos, se, de outro modo, quereis permanecer absolutamente pessimistas; talvez, assim, como seres risonhos, mandareis algum dia todas as consoladorices metafísicas para o inferno – e a metafísica à frente! Ou, para dizê-lo na linguagem daquele monstro dionisíaco que se chama *Zaratustra*:

Elevai vossos corações,[32] meus irmãos, alto, mais alto! E não esqueçais das pernas! Elevai também vossas pernas, vós, bons bailarinos, e, melhor ainda: ficai também de pernas para o ar!

Esta coroa do risonho, esta coroa e guirlanda de rosas: eu mesmo pus sobre mim essa coroa, eu mesmo declarei sagrado meu riso. Não encontrei outro, hoje, forte o bastante para tanto.

Zaratustra, o bailarino, Zaratustra, o leve, o que acena com as asas, o que está pronto a voar, acenando a todas as aves, pronto e a postos, um leviano ditoso: –

(cont.) em especial, do Evangelho de Mateus, que busca estabelecer uma relação estreita e legitimadora entre as duas partes da *Bíblia*. Ver, por exemplo, Mateus, 4, 4-10.

32. Paródia da fórmula litúrgica (*sursum corda*) com que o padre oficiante inicia a missa. Por sua vez, a "coroa e guirlanda de rosas" (*Rosenkranz-Krone*), pouco adiante, parodia a coroa de espinhos colocada sobre a cabeça de Cristo por seus verdugos.

Zaratustra, o verídico,[33] Zaratustra, o verisonho, alguém nada impaciente, nada absoluto, alguém que gosta de saltos e saltos para o lado: eu mesmo pus sobre mim essa coroa!

Esta coroa do risonho, esta coroa e guirlanda de rosas: a vós, meus irmãos, lanço essa coroa! Declarei sagrado o riso: vós, homens superiores, *aprendei* – a rir!

Assim falou Zaratustra, parte IV,
"Do homem superior", § 17-18 e 20.

---

33. "Verídico" ou "o que diz a verdade" é a tradução literal de *Wahrsager*, "adivinho", "profeta", termo que também serve aqui de base para a cunhagem de *Wahrlacher*, "o que ri a verdade" = "verisonho". Esta conjunção de "verdade", "riso" e "dizer" evoca, por outro lado, o dito *ridendo dicere verum*, "rindo, dizer a verdade", expressão que se deriva de Horácio (*Sátiras*, 1, 1, 24-5): "O que impede de, rindo, dizer a verdade?". Além disso, a expressão "Zaratustra, o verídico" também envolve uma referência às palavras ditas repetidamente por Jesus nos evangelhos: "Em verdade, em verdade vos digo".

Prefácio a Richard Wagner

A fim de manter longe de mim todos os possíveis escrúpulos, irritações e mal-entendidos que, visto o caráter peculiar de nossa esfera pública estética, suscitarão os pensamentos reunidos neste escrito, e também a fim de poder escrever as palavras introdutórias dele com o mesmo deleite tranquilo cujo signo ele próprio, como petrificação de boas e exaltantes horas, ostenta em cada página, imagino o instante em que o senhor, meu estimado amigo, receberá este escrito: como, talvez após um passeio vespertino pela neve invernal, o senhor contemplará o Prometeu libertado na folha de rosto,[1] lerá meu nome e estará imediatamente convencido de que, seja lá o que for que conste nesse escrito, o autor tem algo sério e urgente a dizer, que ele, igualmente, em tudo o que pensou, tratou com o senhor como se estivesse presente e só pôde registrar

1. Refere-se à vinheta desenhada pelo escultor Leopold Rau (1847-1880) representando o titã Prometeu após ser libertado por Hércules dos grilhões que o prendiam ao Cáucaso e no ato de pisotear o abutre – abatido por Hércules com uma flecha – que lhe devorava o fígado. Esse duplo castigo lhe fora imposto por Zeus como punição pelo ato de transmitir conhecimentos ao ser humano. A vinheta é mais uma homenagem a Wagner, que em seu escrito *Das Kunstwerk der Zukunft* [A obra de arte do futuro], de 1849, referiu-se várias vezes ao titã.

algo condizente com essa presença. Nisso, o senhor se recordará que eu, ao mesmo tempo em que nascia seu magnífico escrito comemorativo sobre Beethoven,[2] isto é, em meio aos pavores e sublimidades da guerra recém-eclodida, concentrava-me com vista a esses pensamentos. No entanto, enganar-se-ão aqueles que, face a essa concentração, porventura pensem na oposição entre exaltação patriótica e excessos estéticos, entre audaz seriedade e jovial brincadeira: a estes, ao realmente ler este escrito, ficará claro, antes, para seu espanto, com que problema seriamente alemão estamos lidando, colocado por nós propriamente no centro das esperanças alemãs,[3] como pivô e ponto de inflexão. Porém, para estes mesmíssimos indivíduos, talvez seja absolutamente chocante ver um problema estético ser levado tão a sério, isto é, caso não sejam capazes de reconhecer na arte mais do que uma divertida coisa secundária, do que um tilintar de guizos, por certo também prescindível, que acompanha a "seriedade da existência": como se ninguém soubesse, nessa contraposição, o papel que cabe a tal "seriedade da existência". A esses indivíduos sérios, sirva de instrução que estou convencido de que a arte é a mais elevada tarefa e a atividade propriamente

---

2. Publicado em 1870 por ocasião do centenário de nascimento do compositor. No centro das explanações, sua *Nona Sinfonia*.

3. Refere-se à iminente abertura dos festivais de Bayreuth, em que seriam encenadas as óperas de Wagner. Nietzsche acreditava que significariam uma grande virada, uma renovação cultural da Alemanha.

metafísica[4] desta vida, e isso no sentido em que a compreende o homem a quem aqui, na qualidade de meu grandioso pioneiro nessa via, pretendo haver dedicado este escrito.

Basileia, fins de 1871.

4. Nietzsche compreende "metafísico" como um ir além do físico para alcançar uma esfera superior, porém não transcendente, como é o caso na religião. Nisso ele segue Schopenhauer, que, no capítulo intitulado "Sobre a necessidade metafísica do ser humano" de *O mundo como vontade e representação* (v. 2, livro 1, cap. 17), resume: "Nesse sentido, portanto, a metafísica vai além do fenômeno, isto é, da natureza, dirigindo-se ao que nela ou por trás dela se acha oculto (το μετα το φυσικον), porém considerando-o sempre como aquilo que nela se manifesta, e não independentemente de todo fenômeno: ela permanece por isso imanente e não se torna transcendente. Pois ela nunca se aparta inteiramente da experiência, mas permanece sendo a mera interpretação e exegese desta [...]. Ela é, por conseguinte, ciência empírica: mas seu objeto e sua fonte não são experiências particulares, e sim o todo e o universal de toda experiência".

O nascimento da tragédia

ou Grecidade e pessimismo

1.

Muito haveremos ganhado para a ciência estética se não tivermos chegado apenas ao reconhecimento lógico, e sim à certeza imediata da intuição, de que o desenvolvimento da arte está ligado à duplicidade do *apolíneo* e do *dionisíaco*: da mesma forma como a geração depende da díade dos sexos, em luta constante e com uma reconciliação que ocorre apenas periodicamente. Pegamos emprestados esses nomes dos gregos, que, é verdade, não comunicam as profundas doutrinas secretas de sua concepção artística em conceitos, mas o fazem ao entendedor nas figuras penetrantemente nítidas de seu mundo de deuses. A suas duas divindades artísticas, Apolo e Dioniso, liga-se nosso entendimento de que há no mundo grego um imenso contraste, no que respeita à origem e aos propósitos, entre a arte do artista plástico, a apolínea, e a arte não plástica da música, compreendida como a arte de Dioniso: ambos os impulsos, tão diferentes, andam lado a lado, na maioria das vezes em aberta discórdia entre si e estimulando-se mutuamente a criações sempre novas cada vez mais fortes para nelas perpetuar a luta daquela oposição apenas aparentemente transposta pela ponte da palavra "arte", que ambas partilham; até que por fim, graças a um metafísico ato mágico da "vontade" helênica, aparecem acasalados e, nesse acasalamento, terminam por gerar a obra de arte, tão dionisíaca quanto apolínea, da tragédia ática.[1]

A fim de trazer esses dois impulsos mais perto de nós, vamos imaginá-los de início como os mundos artísticos separados do *sonho* e da *embriaguez*; são fenômenos fisiológicos entre os quais se pode notar uma oposição correspondente à que existe entre o apolíneo e o dionisíaco. Foi no sonho, segundo a concepção de Lucrécio,[2] que as excelsas figuras dos deuses apareceram pela primeira vez diante das almas dos homens; no sonho, o grande artista plástico[3] viu

---

1. Na constatação do papel da dualidade Apolo-Dioniso para a arte grega, Nietzsche segue, entre outros autores, Julius Leopold Klein, que celebra "essa mútua interpenetração de ambas as disposições artísticas, profundamente fundidas no drama ático como a mais perfeita expressão criadora do espírito helênico e da arte helênica: iluminação apolínea com embriaguez de ânimo dionisíaca [...]". *Geschichte des Drama's*. Bd. 1: *Geschichte des griechischen und römischen Drama's* [História do drama. V. 1: História do drama grego e romano], 1865, p. 51. A mesma dualidade também chegou a ser tratada por Richard Wagner em *Über die Bestimmung der Oper* [Sobre a vocação da ópera], de 1871.

2. Tito Lucrécio Caro (98-55 a.C.): poeta romano; ver *Da natureza*, versos 1169-74.

3. Ao pintor grego Parrásio (c. 440-390 a.C.) se atribui um epigrama em que afirma ter pintado o semideus Hércules conforme o vira em sonho.

a fascinante compleição de seres sobre-humanos, e o poeta helênico,[4] perguntado a respeito dos mistérios da geração poética, igualmente se recordaria do sonho e teria dado um ensinamento parecido ao que dá Hans Sachs em *Os mestres-cantores*:

> Meu amigo, eis a exata obra do poeta:
> ele atenta a seu sonhar e o interpreta.
> Creia-me, é no sonho que a mais veraz ilusão
> vem ao homem como revelação:
> toda a arte poética e o poetar inteiro
> apenas interpretam o sonho verdadeiro.[5]

A bela aparência dos mundos oníricos, em cuja criação todo ser humano é um artista completo, é o pressuposto de todas as artes plásticas, e inclusive, como veremos, de uma metade importante da poesia. Deleitamo-nos na compreensão imediata das figuras, todas as formas falam a nós, não há nada indiferente ou desnecessário. Porém, no auge da vida dessa realidade onírica ainda temos a sensação transluzente de sua *aparência*: pelo menos é essa a minha experiência, de cuja frequência e inclusive normalidade eu poderia apresentar vários testemunhos e os ditos dos poetas.

---

4. O tragediógrafo grego Ésquilo (525-456 a.C.) teria visto Dioniso em sonho e dele recebido a ordem de escrever uma tragédia.

5. Richard Wagner, *Os mestres-cantores de Nuremberg*, ato III, cena 2, versos 1934-39. O personagem citado baseia-se na figura histórica do sapateiro, poeta e mestre-cantor Hans Sachs (1494-1576).

O homem filosófico tem até mesmo o pressentimento de que também sob essa realidade em que vivemos e somos se acha escondida uma segunda, completamente diferente, de que também ela, portanto, é uma aparência; e Schopenhauer chega a qualificar como a característica da aptidão filosófica o dom de ver as pessoas e todas as coisas, em certos momentos, como meros fantasmas ou imagens oníricas.[6] Tal como o filósofo se porta em relação à realidade da existência, assim se porta o homem artisticamente estimulável em relação à realidade do sonho; ele olha com apuro e com agrado: pois a partir dessas imagens ele interpreta a vida, com esses acontecimentos ele se exercita para a vida. Ele não experimenta em si, com essa onicompreensão, apenas as imagens agradáveis e amistosas: também coisas sérias, soturnas, tristes, sombrias, as súbitas inibições, as zombarias do destino, as expectativas receosas, em suma, toda a "divina comédia" da vida, acompanhada do inferno, passa diante dele, não apenas como um teatro de sombras – pois ele vive e sofre junto nessas cenas –, e, no entanto, tampouco sem aquela fugaz sensação de aparência; e, talvez, haja quem se recorde, como eu, de ter às vezes exclamado para si mesmo, como encorajamento e com êxito, em meio aos perigos e aos pavores do sonho: "É um sonho! Quero continuar a sonhá-lo!".

---

6. Em *Aus Schopenhauer's handschriftlichem Nachlass. Abhandlungen, Anmerkungen, Aphorismen und Fragmente* [Do espólio manuscrito de Schopenhauer: ensaios, anotações, aforismos e fragmentos], edição a cargo de Julius Frauenstädt, Leipzig, 1864, p. 295.

Da mesma forma como me foi relatado sobre pessoas que eram capazes de dar prosseguimento à causalidade de um único e mesmo sonho por três ou mais noites consecutivas: fatos que claramente fornecem um testemunho de que nossa natureza mais interior, o subsolo comum de todos nós, experimenta em si o sonho com profundo prazer e contente necessidade.

Essa contente necessidade da experiência onírica foi igualmente expressada pelos gregos em seu Apolo: Apolo, na condição de deus de todas as forças plásticas, é ao mesmo tempo o deus profético.[7] Ele, que, segundo sua raiz, é o "radiante",[8] a divindade da luz, também governa a bela aparência do mundo interior da fantasia. A verdade superior, a perfeição desses estados em contraposição à realidade diurna lacunosamente compreensível, bem como a profunda consciência sobre a natureza que cura e auxilia no sono e no sonho, são, ao mesmo tempo, o análogo simbólico da capacidade profética e, sobretudo, das artes, graças às quais a vida é tornada possível e digna de ser vivida. Mas tampouco aquela tênue linha que a imagem onírica não pode ultrapassar para não atuar de modo patológico, caso contrário a aparência, em forma de tosca realidade, nos enganaria – tampouco aquela linha pode faltar na imagem de Apolo: aquela limitação moderada, aquela liberdade em relação

---

7. Profético = *wahrsagend* = "que diz a verdade (sobre o futuro)".

8. Em grego, Febo, cognome que Homero atribui a Apolo. O termo alemão, *Scheinende*, se relaciona com *Schein*, "aparência".

às emoções mais selvagens, aquela placidez, plena de sabedoria, do deus plasmador. Seu olho tem de ser "solar",[9] segundo sua origem; mesmo quando se irrita e olha com mau humor, repousa sobre ele a solenidade da bela aparência. E, assim, valeria para Apolo, num sentido excêntrico, o que Schopenhauer diz sobre o homem enredado no véu de maia.[10] Em *O mundo como vontade e representação*, v. 1, livro 4, § 63, consta: "Tal como no mar revolto, que, ilimitado para todos os lados, ergue e afunda vagalhões a rugir, há um barqueiro a bordo de um barco, confiando na frágil embarcação, assim se encontra tranquilamente cada ser humano, em meio a um mundo de tormentos, apoiado e confiando no *principium individuationis*".[11] Poderíamos até dizer de Apolo que nele atingiram sua mais sublime expressão a confiança inabalável nesse *principium* e a postura tranquila de quem está nele enredado, e gostaríamos, inclusive, de caracterizar Apolo como a magnífica imagem divina do *principium individuationis*, de cujos gestos e olhares

9. Ver Goethe, *Zahme Xenien* [Xênias mansas], III: "Não fosse o olho solar, / Jamais poderia ver o sol".

10. Em sânscrito, "ilusão", "aparência". No hinduísmo, a ilusão fundamental em que o homem está imerso e que vela (daí o "véu") a realidade infinita e una, o brâman, que se esconde por trás do mundo fenomenal finito e múltiplo; Schopenhauer identifica a distinção hinduísta entre maia e brâman com a distinção kantiana entre fenômeno e número.

11. O "princípio da individuação" é constituído pelo espaço e pelo tempo: são eles que permitem a multiplicidade dos seres, pois estes só podem ser pensados como *sucessivos* (no tempo) ou *justapostos* (no espaço).

nos falam o inteiro prazer e a inteira sabedoria da "aparência", juntamente com sua beleza.

No mesmo trecho, Schopenhauer descreveu o imenso *horror* que acomete o ser humano quando, de repente, perde a confiança nas formas do entendimento do fenômeno pelo fato de o princípio da razão[12] parecer experimentar uma exceção em qualquer uma de suas configurações.[13] Se acrescentarmos a esse horror o arrebatamento deleitoso que, por ocasião desse mesmo rompimento do *principium individuationis*, se eleva do âmago mais profundo do ser humano, e até da natureza, lançamos assim um olhar sobre a essência do *dionisíaco*, que ainda nos é mais facilmente com-

---

12. Em sua dissertação *Über die vierfache Wurzel des Satzes vom zureichenden Grunde* [Sobre a raiz quádrupla do princípio da razão suficiente], de 1813, Schopenhauer modifica a teoria do conhecimento kantiana ao reduzir as quatro categorias principais do conhecimento racional (quantidade, qualidade, relação, causalidade) a uma só, a causalidade, diferenciada em quatro "configurações" do "princípio da razão" segundo as diferentes classes de representações: 1) razão do devir ou lei da causalidade (corresponde às representações empíricas); 2) razão do conhecer (corresponde às representações abstratas, aos conceitos e aos juízos); 3) razão do ser (corresponde às representações ou intuições no espaço e no tempo); 4) razão do agir (corresponde à motivação que surge como causalidade interna).

13. Schopenhauer exemplifica: "Quando parece que alguma modificação ocorre sem causa, ou um falecido reaparece, ou de algum modo coisas passadas ou futuras se tornam presentes, ou o distante se torna próximo" (*O mundo como vontade e representação*, § 63).

preensível pela analogia da *embriaguez*. Quer pela influência da beberagem narcótica, da qual todos os homens e povos primitivos falam em hinos, quer pela aproximação impetuosa da primavera, que impregna prazerosamente toda a natureza, despertam aquelas emoções dionisíacas com cuja intensificação o subjetivo se desvanece num completo autoesquecimento. Mesmo na Idade Média da Alemanha, multidões cada vez maiores deslocavam-se de localidade em localidade, cantando e dançando, sob a influência da mesma força dionisíaca: nesses dançarinos de São João e São Vito[14] reconhecemos os coros báquicos dos gregos, com sua pré-história na Ásia Menor, remontando até a Babilônia e as orgiásticas *Sakäen*.[15] Há quem, por falta de experiência ou por estupidez, se afaste de tais fenômenos com zombaria ou lástima, imbuído do sentimento da própria saúde, como se fossem "doenças do povo": essa pobre gente decerto não suspeita da aparência cadavérica e fantasmagórica que tem justamente essa sua "saúde" quando passa bramindo junto a ela a vida ardente dos entusiastas dionisíacos.

Sob o encanto do dionisíaco, não apenas se reata o laço entre um ser humano e o outro: também a natureza alheada, hostil ou subjugada volta a festejar

14. Bem diferente será a opinião de Nietzsche numa obra de seu último período (*Sobre a genealogia da moral*, III, 21, 1887), em que qualifica as danças de São João e São Vito como "epidemias epilépticas".

15. *Sakäen*, nome de festas babilônicas em que, durante cinco dias, toda a organização social se invertia: os escravos se transformavam em senhores e vice-versa.

sua festa de reconciliação com o filho perdido,[16] o ser humano. De bom grado, a terra oferece suas dádivas, e, pacificamente, aproximam-se os animais de rapina que vivem nos rochedos e no deserto. O carro de Dioniso é coberto com flores e guirlandas: sob seu jugo, avançam a pantera e o tigre. Transformemos a jubilosa canção beethoveniana da "alegria"[17] numa pintura e não fiquemos atrás com nossa imaginação quando os milhões afundam terrivelmente na poeira: assim podemos nos aproximar do dionisíaco. Agora o escravo é homem livre, agora se esfacelam todas as rígidas e hostis delimitações que a necessidade, a arbitrariedade ou a "atrevida moda"[18] estabeleceram entre os seres humanos. Agora, face ao evangelho da harmonia universal, cada um se sente não só reunido, reconciliado e amalgamado com o próximo, mas um só, como se o véu de maia tivesse se rasgado e apenas adejasse em frangalhos diante do misterioso uno primordial. Cantando e dançando, o ser humano se manifesta como membro de uma comunidade superior:

---

16. Alusão à parábola do filho pródigo, a quem o pai também chama de "filho perdido" (ver Lucas, 15, 11-32).

17. A "Ode à alegria" da *Nona Sinfonia*, baseada no poema "À alegria", de Friedrich Schiller.

18. No poema de Schiller: "Teus encantos unem novamente / O que a espada da moda separou (*Was der Mode Schwert geteilt*)"; Beethoven modificou este último verso, transformando-o em "O que a moda atrevidamente separou (*Was die Mode frech geteilt*)". Em seu escrito comemorativo sobre Beethoven, Wagner deu ênfase especial a essa modificação, acentuado nela o aspecto de crítica da civilização e da França, seguindo assim o viés antifrancês desse texto, publicado ainda durante a Guerra Franco-Prussiana.

desaprendeu a caminhar e a falar, e está em vias de, dançando, elevar-se em voo pelos ares. De seus gestos, fala o enfeitiçamento. Tal como agora falam os animais, e a terra mana leite e mel,[19] também ressoa de seu íntimo algo sobrenatural: sente-se deus, ele próprio caminha agora tão extasiado e elevado como via em sonho caminharem os deuses. O ser humano não é mais artista, tornou-se obra de arte: a força artística de toda a natureza, para a suprema satisfação deleitosa do uno primordial, revela-se aqui sob os frêmitos da embriaguez. A mais nobre argila é aqui amassada, o mais precioso mármore é aqui esculpido, o ser humano, e, como acompanhamento dos golpes do cinzel do artista dionisíaco do universo, ressoa o chamado eleusino[20] dos mistérios: "Sucumbis, milhões? Pressentes o Criador, mundo?"[21] –

2.

Até agora, consideramos o apolíneo e seu oposto, o dionisíaco, como potências artísticas que irrompem

19. Embora a expressão seja mais conhecida do Antigo Testamento (Êxodo, 3, 8), há uma formulação correspondente na peça *As bacantes*, de Eurípides: "O chão regurgita de leite e regurgita de vinho embriagador e, mais ainda, satura-se do néctar das abelhas!" (tradução de Mário da Gama Cury, Rio de Janeiro, Zahar, 1993).

20. Na cidade de Elêusis, próxima a Atenas, cultuava-se a deusa Deméter (a Ceres dos romanos); tal como no caso de Dioniso, seu culto envolvia a iniciação em mistérios.

21. Versos do já citado poema de Schiller, "À alegria".

da própria natureza, *sem mediação do artista humano*, e nas quais os impulsos artísticos dela se satisfazem primariamente e por via direta: por um lado, como o mundo de imagens do sonho, cuja perfeição não tem nexo algum com o nível intelectual ou a formação artística do indivíduo; por outro lado, como realidade plena de embriaguez que, novamente, não dá atenção ao indivíduo, mas busca inclusive aniquilá-lo e salvá-lo mediante uma sensação mística de unidade. Diante desses estados artísticos imediatos da natureza, todo artista é um "imitador", e, mais exatamente, ou um artista apolíneo do sonho, ou um artista dionisíaco da embriaguez, ou, por fim – como, por exemplo, na tragédia grega –, um artista da embriaguez e do sonho ao mesmo tempo: de quem talvez possamos imaginar a maneira como, na ebriedade dionisíaca e na autorrenúncia mística, desfalece solitário e apartado dos coros entusiasmados, e como então, graças à ação onírica apolínea, seu próprio estado – isto é, sua unidade com o âmago mais profundo do mundo – lhe é revelado *numa imagem onírica alegórica*.

Após essas pressuposições e contraposições gerais, aproximamo-nos agora dos *gregos* para reconhecer em que medida e até que nível estiveram neles desenvolvidos aqueles *impulsos artísticos da natureza*: dessa forma, somos colocados em posição de compreender e apreciar mais profundamente a relação do artista grego com seus modelos, ou, conforme a expressão aristotélica, "a imitação da natureza". Apesar de toda a sua literatura sobre os sonhos e das inúmeras anedotas oníricas, só podemos falar hipoteticamente, embora com razoável segurança, sobre os *sonhos* dos gregos: considerando-se a aptidão incrivelmente definida, segura e plástica de seu olhar, somada a seu prazer cromático lúcido e sincero, não poderemos deixar, para a vergonha de todos os pósteros, de pressupor também para seus sonhos uma causalidade lógica das linhas e dos contornos, das cores e dos grupos, uma sequência de cenas similar a de seus melhores relevos, sequência cuja perfeição, se uma comparação fosse possível, certamente nos autorizaria a qualificar os gregos sonhantes como Homeros e Homero como um grego sonhante: num sentido mais profundo do que quando o homem moderno se atreve, com respeito a seu sonho, a comparar-se com Shakespeare.[22]

Em contrapartida, não precisamos falar apenas hipoteticamente quando se trata de revelar o imenso abismo que separa os *gregos dionisíacos* dos bárbaros dionisíacos. Em todos os confins do mundo antigo – deixando de lado, aqui, o mundo moderno –, de Roma à Babilônia, podemos comprovar a existência de festas dionisíacas, cujo tipo, no melhor dos casos, se relaciona com o tipo das festas gregas tal como o sátiro barbudo, ao qual o bode emprestou o nome e os atributos, se relaciona com o próprio Dioniso. Por quase toda parte, constituía o centro dessas festas um

22. A propósito: "Um grande poeta, Shakespeare, por exemplo, é um homem capaz de fazer desperto o que todos podemos fazer em sonho" (*Aus Schopenhauer's handschriftlichem Nachlass. Abhandlungen, Anmerkungen, Aphorismen und Fragmente* [Do espólio manuscrito de Schopenhauer: ensaios, anotações, aforismos e fragmentos], 1864, p. 369).

transbordante desregramento sexual, cujas ondas passavam por cima de todas as famílias e suas respeitáveis normas; precisamente as bestas mais selvagens da natureza eram aí libertadas de seus grilhões, incluindo aquela abominável mistura de volúpia e crueldade que sempre me pareceu ser a verdadeira "beberagem da bruxa".[23] Contra as febris emoções dessas festas, cujo conhecimento chegou por todos os caminhos terrestres e marítimos até os gregos, eles estiveram, parece, completamente resguardados e protegidos durante algum tempo pela figura, erguendo-se aí em todo o seu orgulho, de Apolo, que não podia contrapor a cabeça da Medusa[24] a nenhuma força mais perigosa do que essa força dionisíaca caricaturalmente disforme. Trata-se da arte dórica,[25] na qual se eternizou aquela postura de majestosa recusa própria de Apolo. Essa resistência se tornaria mais difícil e até impos-

---

23. Tradução literal de *Hexentrank*, que também poderia ser vertido por "poção mágica". O termo se relaciona com a cena do *Fausto* em que o personagem-título ingere um preparado, de efeitos rejuvenescedores e afrodisíacos, feito por uma bruxa (Goethe, *Fausto I*, "A cozinha da bruxa").

24. Como suas irmãs Esteno e Euríale, Medusa tinha serpentes no lugar dos cabelos e seu olhar petrificava quem a encarasse. Foi decapitada por Perseu, e a cabeça, fixada no escudo de Zeus, que o emprestou a Palas Atena; na *Ilíada*, ele também o empresta a Apolo.

25. O arqueólogo Karl Otfried Müller (1797-1840) publicou em 1824 a obra *Die Dorier* [Os dórios], na qual atribuiu a cultura "genuinamente helênica" aos dórios, um dos três principais grupos de gregos antigos. É esta obra que serve de base ao que Nietzsche afirma sobre a arte dórica; ver também o capítulo 4.

sível quando, por fim, impulsos similares abriram caminho oriundos da mais profunda raiz da esfera helênica:[26] então a ação do deus délfico se limitava a tirar as armas aniquiladoras da mão do poderoso adversário por meio de uma reconciliação selada a tempo. Essa reconciliação é o momento mais importante na história do culto grego: para onde quer que olhemos, são visíveis as transformações decorrentes desse evento. Foi a reconciliação de dois adversários que incluía uma definição mais precisa das linhas fronteiriças a serem a partir de então respeitadas e um envio periódico de presentes; no fundo, o abismo não fora transposto. Porém, se atentarmos para o modo como o poder dionisíaco se manifestou sob a pressão desse acordo de paz, reconhecemos agora nas orgias dionisíacas dos gregos, em comparação com aquelas *Sakäen* babilônicas e seu retrocesso do homem ao tigre e ao macaco, o significado de festas de redenção do mundo e dias de transfiguração. Apenas nessas orgias a natureza alcança seu júbilo artístico, apenas nelas o dilaceramento do *principium individuationis* se torna um fenômeno artístico. Aquela atroz beberagem da bruxa, composta de volúpia e crueldade, não tinha força aí: recorda-a, apenas, a estranha mistura e duplicidade dos afetos dos entusiastas dionisíacos – tal como remédios lembram venenos letais –, aquele fenômeno de que dores produzam prazer, de

26. Nietzsche busca rebater a ideia de que o culto a Dioniso teria raiz oriental; baseia-se em Christian August Lobeck, *Aglaophamus*, Königsberg, 1829, p. 289 e segs.

que o júbilo arranque do peito sons tormentosos.[27] Do íntimo da suprema alegria ressoam o grito de horror ou o som anelante do lamento a propósito de uma perda insubstituível. Irrompe nessas festas gregas, por assim dizer, um traço sentimental da natureza, como se ela tivesse de suspirar por causa de seu despedaçamento em indivíduos.[28] O canto e a linguagem gestual de tais entusiastas duplamente dispostos eram algo novo e inaudito para o mundo greco-homérico: e, em especial, produzia-lhe pavor e horror a *música* dionisíaca. Se a música já era aparentemente conhecida como uma arte apolínea, isso não obstante só acontecia, estritamente falando, como ondulação do ritmo, cuja força plasmadora fora desenvolvida para representar estados apolíneos. A música de Apolo era arquitetura dórica em sons, mas em sons apenas esboçados, como é próprio da cítara. Com cautela, manteve-se afastado, como não apolíneo, precisamente o elemento que constitui o caráter da música dionisíaca e, assim, da música em geral, a violência abaladora do som, a torrente unitária do *mélos* [canto, canção] e o mundo absolutamente incomparável da harmonia. No ditirambo[29] dionisíaco, o ser humano

---

27. Uma ideia que Nietzsche toma quase textualmente de Paul von Wartenburg, *Die Katharsis des Aristoteles und der Oedipus Coloneus des Sophokles* [A catarse de Aristóteles e o Édipo Coloneu de Sófocles], Berlim, 1866, p. 22.

28. Alusão ao mito de Dioniso Zagreu, despedaçado pelos Titãs, mas recriado por Apolo; "Zagreu" significa precisamente "despedaçado".

29. Canto coral, acompanhado de danças, entoado em honra a Dioniso.

é incitado à máxima intensificação de todas as suas capacidades simbólicas; algo jamais sentido obtém expressão à força, a aniquilação do véu de maia, a unidade como gênio da espécie,[30] até da natureza. Agora a essência da natureza deve se expressar simbolicamente; é necessário um novo mundo de símbolos, em primeiro lugar todo o simbolismo corporal, não só o simbolismo da boca, do rosto, da palavra, mas o completo gestual da dança, que move todos os membros ritmicamente. Em seguida, crescem de repente, de modo impetuoso, as demais forças simbólicas, as da música, em ritmo, dinamismo e harmonia. A fim de apreender esse desencadeamento total de todas as forças simbólicas, o ser humano já precisa ter atingido aquele nível de autorrenúncia que almeja se manifestar simbolicamente naquelas forças: assim, o servo ditirâmbico de Dioniso é compreendido apenas por seus iguais! Com que espanto teve de encará-lo o grego apolíneo! Com um espanto que foi tanto maior por nele se misturar o horror pelo fato de tudo aquilo, afinal, não lhe ser propriamente tão alheio, e até pelo fato de sua consciência apolínea apenas lhe ocultar, qual um véu, esse mundo dionisíaco.

---

30. O conceito de "gênio da espécie" é desenvolvido por Schopenhauer em *O mundo como vontade e representação*, v. 2, cap. 44, "Metafísica do amor sexual". Consiste na ação da força natural supraindividual que abre seu caminho na paixão amorosa dos indivíduos a fim de possibilitar a continuidade da espécie.

3.

Para compreender isso, temos de demolir esse elaborado edifício da *cultura apolínea* pedra por pedra, por assim dizer, até avistarmos os alicerces sobre os quais se fundamenta. Vemos aí em primeiro lugar as esplêndidas figuras *olímpicas* dos deuses, postadas nos frontões desse edifício e cujos feitos, representados em relevos que resplandecem de longe, adornam seus frisos.[31] Se a de Apolo também está entre elas, como uma divindade isolada entre outras e sem a pretensão de um primeiro lugar, não podemos nos desconcertar por isso. O mesmo impulso que se materializou em Apolo gerou todo esse mundo olímpico, e, nesse sentido, podemos considerar Apolo como seu pai. Que imensa necessidade foi essa da qual surgiu um grupo tão luminoso de seres olímpicos?

Quem, com uma outra religião no coração, se aproxima desses olimpianos e busca neles elevação moral, até santidade, espiritualização incorpórea e piedosos olhares de amor, este logo precisará, mal-humorado e desiludido, dar-lhes as costas. Nada aqui lembra ascese, espiritualidade e dever: aqui nos fala apenas uma existência exuberante, até mesmo vitoriosa, em que todo o existente foi divinizado, quer seja bom ou mau. E, assim, o espectador poderá se

31. Referência ao Partenon, templo construído na acrópole de Atenas em honra a Palas Atena entre 447 e 438 a.C. sob o governo de Péricles. Os frisos não mostram, na realidade, os feitos dos deuses, mas a procissão solene dos cidadãos durante a grande festa anual das panateneias, que celebrava Palas Atena.

encontrar, verdadeiramente abalado, diante desse fantástico transbordamento da vida a fim de se perguntar com que beberagem mágica no corpo[32] esses homens loucos de alegria gozavam a vida para que, não importa em que direção olhassem, lhes sorrisse Helena, a imagem ideal, "a pairar em doce sensualidade",[33] de sua própria existência. Porém, a esse espectador já voltado para trás, temos de gritar: "Não te vás embora, mas ouve primeiro o que a sabedoria popular grega diz dessa mesma vida que aqui se desdobra diante de ti com jovialidade tão inexplicável. Reza a velha lenda que o rei Midas[34] perseguiu nos bosques por longo tempo o sábio *Sileno*,[35] o acompanhante de Dioniso, sem conseguir apanhá-lo. Quando por fim lhe caiu nas mãos, o rei pergunta o que seria o melhor e o mais excelente para o ser humano. Rígido e imóvel, o demônio se cala; até que, forçado pelo rei, enfim prorrompe, com uma gargalhada estridente,

---

32. Em Goethe, *Fausto I*, "A cozinha da bruxa", versos 2603-4, Mefistófeles diz baixinho depois que Fausto ingere a beberagem da bruxa: "Logo terás, no corpo essa mágica poção, / De Helena, em qualquer mulher, a ilusão".

33. Referência a Goethe, *Os anos de aprendizado de Wilhelm Meister*, livro 4, cap. 14, em que Wilhelm Meister diz de Ofélia (*Hamlet*): "Todo o seu ser paira em madura, doce sensualidade".

34. Rei mitológico da Frígia (antigo país da Ásia Menor), célebre por sua riqueza.

35. Demônio do séquito de Dioniso semelhante a um sátiro. Nietzsche emprega o termo *Dämon*, do grego *daimon*, "ser divino", que não se confunde com o Diabo do cristianismo, que em alemão seria *Teufel*.

nestas palavras: 'Mísera estirpe efêmera, filhos do acaso e da labuta, o que me obrigas a dizer-te que te seria mais benéfico não ouvir? O melhor te é completamente inalcançável: não haver nascido, não *ser*, *nada* ser. Mas a segunda melhor coisa para ti é – morrer logo'".[36]

Como o mundo olímpico de deuses se porta em relação a essa sabedoria popular? Como a visão extática do mártir supliciado em relação a seus tormentos.

Agora, por assim dizer, abre-se para nós a montanha mágica[37] olímpica e nos revela suas raízes. O grego conhecia e sentia os pavores e atrocidades da existência: a fim de realmente poder viver, tinha de contrapor-lhes a resplandecente linhagem onírica dos seres olímpicos. Aquela imensa desconfiança em relação às potências titânicas da natureza, aquela

---

36. Uma concepção apresentada, entre outros, por Sófocles (*Édipo em Colono*), Plutarco (*Consolação a Apolônio*), Aristóteles (*Eudemo*, diálogo fragmentário) e, modernamente, por Schopenhauer (*O mundo como vontade e representação*, v. 2, cap. 46, "Da nulidade e do sofrimento da vida").

37. A ideia de uma "montanha mágica", cujo tratamento literário mais conhecido é o romance homônimo de Thomas Mann, remonta ao romantismo e foi abordada por vários autores contemporâneos de Nietzsche: Adalbert Stifter na novela *Die Narrenburg* [O castelo dos loucos], Ludwig Tieck no conto *Das alte Buch und die Reise ins Blaue hinein* [O velho livro e a viagem ao acaso], Joseph von Eichendorff na *Geschichte der poetischen Literatur Deutschlands* [História da literatura poética alemã] e Berthold Auerbach no romance *Auf der Höhe* [No apogeu].

Moira[38] reinando impiedosamente sobre todos os conhecimentos, aquele abutre do grande amigo da humanidade, Prometeu,[39] aquele destino apavorante do sábio Édipo,[40] aquela maldição familiar dos Atridas, que compele Orestes ao matricídio,[41] em suma, toda aquela filosofia do deus dos bosques,[42] junto com seus exemplos míticos, devido à qual os melancólicos etruscos pereceram[43] – foi superada constantemente, sem cessar, pelos gregos graças a esse *mundo intermediário* artístico dos olimpianos; em todo o caso, ocultada e afastada da vista. A fim de poder viver, os gregos tiveram, devido a uma profundíssima necessidade, de criar esses deuses: processo que podemos imaginar como o desenvolvimento, a partir da ordem titânica originária de deuses do pavor, da ordem

---

38. Personificação do destino entre os gregos, sobretudo da morte inescapável.

39. Em sua tragédia *Prometeu acorrentado*, Ésquilo chama o protagonista expressamente de "amigo da humanidade" (*philánthropos*).

40. Édipo é chamado de "sábio" por ter resolvido o enigma da esfinge.

41. Orestes, filho de Agamêmnon e Clitemnestra, rei e rainha de Argos, mata a mãe como vingança por esta ter assassinado o pai. Esses crimes são o tema da *Oréstia*, trilogia de Ésquilo.

42. Sileno.

43. Com base na ornamentação de suas tumbas, que ostentam representações de um submundo pululante de demônios, supõe-se que a religião dos etruscos (habitantes da Etrúria, antiga província italiana) tinha um caráter fatalista e sombrio.

olímpica de deuses da alegria, em lentas transições, graças àquele impulso apolíneo de beleza: como rosas que brotam de um arbusto espinhento.[44] De que outro modo esse povo de sensibilidade tão suscetível, de apetites tão impetuosos, de tão singular aptidão ao *sofrimento* teria conseguido suportar a existência se esta não lhe tivesse sido mostrada em seus deuses, envolta por uma glória superior? O mesmo impulso que chama a arte à vida como o complemento e o aperfeiçoamento da existência que seduzem a continuar vivendo também fez surgir o mundo olímpico, no qual a "vontade" helênica segura diante de si um espelho transfigurador. Assim, os deuses justificam a vida humana ao viverem-na eles próprios – a única teodiceia satisfatória! Sob o claro brilho solar de tais deuses, a existência é sentida como o desejável em si, e a verdadeira *dor* do homem homérico diz respeito ao deixar a existência, sobretudo ao deixá-la logo: de maneira que agora se poderia dizer deles, com inversão da sabedoria silênica, "que o pior seria para eles morrer logo, e a segunda pior coisa, ter realmente de morrer um dia". Sempre que o lamento ressoa, ele volta a falar da breve vida de Aquiles,[45] da variação e

---

44. Nietzsche não leva em conta o que é narrado por Hesíodo na *Teogonia*, a saber, que o domínio dos titãs foi derrotado por Zeus numa violenta luta, a titanomaquia.

45. Figura central da *Ilíada* de Homero. Sua mãe, Tétis, profetizou-lhe que teria a escolha entre uma vida curta e gloriosa ou uma vida longa e obscura; ele escolheu a primeira e foi morto no cerco de Troia. É também na *Ilíada* (canto VI, versos 146-9) que ocorre a imagem que compara o gênero humano com as folhas das árvores.

da mudança do gênero humano que lembram as folhas das árvores, do soçobro da época dos heróis. Não é indigno do maior dos heróis o anseio de continuar vivendo, mesmo que seja como jornaleiro.[46] No estágio apolíneo, a "vontade" deseja tão impetuosamente essa existência, o homem homérico sente-se tão uno com ela a ponto de mesmo o lamento se transformar em canção de louvor a ela.

É preciso dizer aqui que essa harmonia, e até unidade do homem com a natureza, tão nostalgicamente contempladas pelo homem moderno, para as quais Schiller fez valer o termo artificial *naiv*,[47] não são de forma alguma um estado tão simples, espontâneo, por assim dizer inevitável, que *teríamos* de encontrar nos portões de cada cultura, como um paraíso da humanidade: só pôde acreditar nisso uma época que buscou imaginar o Emílio[48] de Rousseau

46. Isto é, como alguém que trabalha e recebe por dia de trabalho (jornada). Trata-se de outra referência homérica, desta vez à *Odisseia* (canto XI, versos 489-91): Ulisses desce aos infernos e lá encontra a sombra de Aquiles, que lhe diz que preferiria trabalhar como jornaleiro nos campos a governar os mortos.

47. Do francês *naïf*, "ingênuo". Refere-se ao ensaio de Schiller *Über naive und sentimentalische Dichtung* [Sobre a poesia ingênua e a sentimental], em que o autor afirma que o poeta ou *é* natureza ou *busca* a natureza; o primeiro caso seria o do poeta ingênuo, e o segundo, o do poeta sentimental.

48. Protagonista do romance pedagógico *Emílio ou Da educação* (1762), de Jean-Jacques Rousseau (1712-78), obra que expõe as etapas de uma educação (do nascimento ao casamento) que, preservando no indivíduo suas qualidades naturais, o preparasse para sua vida de cidadão.

também como artista e que julgava ter encontrado em Homero semelhante Emílio artista, educado no seio da natureza. Onde encontramos o "ingênuo" na arte, temos de reconhecer a máxima ação da cultura apolínea: a qual sempre precisa derrubar primeiro um reino de titãs e matar monstros, e, graças a enérgicas mistificações e prazerosas ilusões, ter triunfado sobre uma terrível profundidade de contemplação do mundo e uma capacidade de sofrer extremamente suscetível. Mas quão raramente o ingênuo, aquele completo enredamento na beleza da aparência, é alcançado! Por isso, quão indizivelmente sublime é *Homero*, que, como indivíduo, está para aquela cultura popular apolínea tal como o artista onírico individual está para a aptidão onírica do povo e da natureza em geral. A "ingenuidade" homérica só pode ser compreendida como a completa vitória da ilusão apolínea: é uma ilusão tal como a que a natureza emprega com tanta frequência para atingir seus propósitos. A verdadeira meta é encoberta por uma imagem ilusória: a esta estendemos as mãos e a natureza atinge aquela graças a nosso engano. Nos gregos, a "vontade" queria contemplar a si mesma na transfiguração do gênio e do mundo artístico; a fim de se enaltecer, suas criaturas tiveram de sentir-se dignas de enaltecimento, tiveram de rever-se numa esfera superior sem que esse mundo perfeito da intuição atuasse como imperativo ou como reprimenda. Essa é a esfera da beleza, em que viam suas imagens especulares, os seres olímpicos. Com esse reflexo da beleza, a "vontade" helênica lutou contra o talento, correlato do artístico, para o sofrimento e para a sabedoria do sofrimento: e, como monumento de sua vitória, temos diante de nós Homero, o artista ingênuo.

4.

A analogia com o sonho nos dá algum ensinamento acerca desse artista ingênuo. Se tivermos presente o indivíduo que sonha, a maneira como brada a si mesmo, em meio à ilusão do mundo onírico e sem atrapalhá-la: "É um sonho, quero continuar a sonhá-lo", se disso temos de inferir um profundo e íntimo prazer com a contemplação onírica, e se, por outro lado, para sequer poder sonhar tendo esse íntimo prazer do contemplar precisamos ter esquecido completamente o dia e sua medonha impertinência, então podemos interpretar todos esses fenômenos, sob a orientação do intérprete de sonhos Apolo, mais ou menos da seguinte maneira. Por mais certo que nos pareça que, das duas metades da vida, a desperta e a sonhante, a primeira seja aquela incomparavelmente mais favorecida, mais importante, mais digna, que mais vale a pena viver e, até, a única vivida, eu sustentaria, apesar de toda a aparência de um paradoxo, que para esse fundamento misterioso de nosso ser, cujo fenômeno nós somos, o sonho tem precisamente a valoração oposta. Pois quanto mais percebo na natureza aqueles impulsos artísticos onipotentes e, nestes, um anseio ardente pela aparência, por ser salvo pela aparência, tanto mais me sinto compelido à hipótese metafísica de que o verdadeiramente existente e uno primordial, na condição de eternamente sofredor e contraditório, requer ao mesmo tempo a arrebatadora visão, a prazerosa aparência para sua constante salvação: aparência que nós, completamente nela enredados e nela consistindo, somos obrigados a sentir como o verdadeiramente não existente, isto é, como um constante devir no tempo, no espaço e na causalidade, ou, em outras palavras, como realidade empírica. Assim, se por um instante prescindirmos de nossa própria "realidade", se compreendermos nossa existência empírica, bem como a do mundo em geral, como uma representação gerada a cada momento pelo uno primordial, então, agora, temos de considerar o sonho como a *aparência da aparência*, portanto, como uma satisfação ainda mais elevada da ânsia primordial pela aparência. Por essa mesma razão, o cerne mais íntimo da natureza tem aquele prazer indescritível com o artista ingênuo e a obra de arte ingênua, que, igualmente, é apenas "aparência da aparência". *Rafael*, ele próprio um desses "ingênuos" imortais, representou numa pintura alegórica essa despotencialização[49] da aparência à categoria de aparência, o processo primordial do artista ingênuo

49. Ou seja, a "realidade empírica", que já é "aparência", é levada a um grau ainda maior de "aparência" graças à obra do artista ingênuo. O conceito de "despotencialização" é tomado de Schopenhauer, que o emprega para explicar fisiologicamente os devaneios e as visões sonambúlicas; nelas, o órgão onírico do cérebro funcionaria "numa certa despotencialização da consciência sensorial desperta, dirigida para fora" (*Parergos e paralipômenos*, v. 2, "Ensaio sobre a vidência").

e, ao mesmo tempo, da cultura apolínea. Em sua *Transfiguração*,[50] a metade inferior nos mostra, com o menino possuído, o desespero dos que o carregam e os discípulos perplexos e intimidados, o reflexo da eterna dor primordial, do único fundamento do mundo: a "aparência" é aí reflexo da eterna contradição, do pai das coisas.[51] Dessa aparência, eleva-se agora, como um olor ambrosíaco,[52] um novo mundo de aparências que semelha uma visão, do qual nada veem os que estão enredados na primeira aparência – um luminoso pairar em puríssimo deleite e um contemplar sem dor, irradiando de olhos bem abertos. Temos aí diante de nossos olhares, em máximo simbolismo artístico, aquele mundo apolíneo de beleza e seu fundo, a terrível sabedoria de Sileno, e compreendemos, por intuição, sua necessidade recíproca. No entanto, mais uma vez nos deparamos com Apolo como a divinização do *principium individuationis*, no qual, tão somente, consuma-se a meta eternamente alcançada do uno primordial, sua salvação graças à aparência: ele nos mostra, com gestos sublimes, como todo o mundo do tormento é necessário para que, em virtude

50. Última obra de Rafael (1483-1520), realizada entre 1518-20 e exposta na Pinacoteca Vaticana.

51. Alusão a um fragmento de Heráclito (22 B 53, Diels-Kranz): "A guerra é de tudo o pai, de tudo o rei, e trouxe à luz tanto os deuses quanto os homens; de uns fez escravos, de outros, livres".

52. A ambrosia (literalmente, "imortalidade") e o néctar eram, respectivamente, o alimento e a bebida dos deuses do Olimpo.

dele, o indivíduo seja compelido à geração da visão salvadora, e então, imerso na contemplação dela, mantenha-se calmamente em seu barco oscilante no meio do mar.

Essa divinização da individuação, quando pensada de modo imperativo e prescritivo, conhece apenas uma lei, o indivíduo, isto é, a conservação das fronteiras do indivíduo, a *medida* no sentido helênico. Apolo, na condição de divindade ética, exige dos seus a medida e, para poder respeitá-la, o autoconhecimento. E, assim, ao lado da necessidade estética da beleza, caminha a exigência do "conhece-te a ti mesmo" e do "não em demasia!",[53] ao passo que a presunção e a desmedida eram consideradas como os demônios verdadeiramente hostis da esfera não apolínea e, por isso, como qualidades da época pré-apolínea, da era dos titãs, e do mundo extra-apolíneo, isto é, do mundo dos bárbaros. Em virtude de seu amor titânico aos seres humanos, Prometeu teve de ser dilacerado pelos abutres; por causa de sua desmedida sabedoria, que resolveu o enigma da esfinge, Édipo[54] teve de precipitar-se num turbilhão desnorteante de atrocidades: assim o deus délfico interpretava o passado grego.

---

53. Máximas gravadas a cinzel no templo de Apolo, em Delfos, cidade da Grécia antiga.

54. Embora chamado repetidamente de "sábio", Édipo não conhece a si mesmo. Com seu exemplo trágico, Sófocles, que era sacerdote de Asclépio (também chamado de Esculápio), toma partido contra um fenômeno de sua época, os sofistas, que tinham orgulho de sua sabedoria (*sophia*), e em favor da religião tradicional, que se apoiava na sabedoria de videntes (Tirésias) e de oráculos (Delfos).

"Titânico" e "bárbaro" também parecia ao grego apolíneo o efeito produzido pelo *dionisíaco*: sem poder ocultar a si mesmo que ele próprio, afinal, também era ao mesmo tempo intimamente aparentado com esses titãs e heróis derrocados. Sim, ele tinha de sentir ainda mais: sua inteira existência, com toda beleza e moderação, repousava sobre um fundo encoberto de sofrimento e de conhecimento, fundo que lhe era outra vez revelado graças àquele dionisíaco. E vede! Apolo não podia viver sem Dioniso! O "titânico" e o "bárbaro" eram, por fim, uma necessidade exatamente idêntica ao apolíneo! E agora imaginemos como nesse mundo, construído sobre a aparência e a moderação e contido artificialmente por diques, ressoou o tom extático da festa de Dioniso com canções mágicas cada vez mais sedutoras, como, nelas, se fez ouvir a inteira *desmedida* da natureza no prazer, no sofrimento e no conhecimento, indo até o grito lancinante: imaginemos o que poderia significar, frente a esse canto popular demoníaco, o artista salmodiante de Apolo, com o som espectral da harpa! As musas das artes da "aparência" empalideceram diante de uma arte que, em sua embriaguez, dizia a verdade, a sabedoria de Sileno clamou "Ai! Ai!" aos joviais olimpianos. O indivíduo, com todas as suas fronteiras e medidas, submergiu no autoesquecimento dos estados dionisíacos e esqueceu os preceitos apolíneos. A *desmedida* revelou-se como verdade; a contradição, o deleite nascido das dores, manifestaram-se a partir do coração da natureza. E, assim, por toda parte em que o dionisíaco penetrou, o apolíneo foi abolido e aniquilado. Porém, é igualmente tão certo que lá onde se resistiu ao primeiro assalto, o prestígio e a majestade do deus délfico se manifestaram de modo mais intransigente e ameaçador do que nunca. É que só consigo explicar o Estado *dórico* e a arte dórica como um permanente acampamento de guerra do apolíneo: apenas com uma oposição ininterrupta à essência titanicamente bárbara do dionisíaco é que puderam perdurar por longo tempo uma arte tão obstinadamente fechada, envolta por baluartes, uma educação tão apropriada à guerra e tão áspera, um Estado tão cruel e desapiedado.

Até este ponto, desenvolvi mais detalhadamente o que observei no início deste estudo: como o dionisíaco e o apolíneo, em criações sucessivas sempre novas, e intensificando-se mutuamente, dominaram o ser helênico: como a partir da era "de bronze",[55] com suas titanomaquias e sua áspera filosofia popular, desenvolveu-se o mundo homérico sob o reino do impulso apolíneo de beleza; como essa magnificência "ingênua" foi, por sua vez, devorada pelo caudal irrompedor do dionisíaco, e como o apolíneo, frente a essa nova potência, se eleva à categoria de rígida majestade da arte e da contemplação do mundo dó-

55. Em *Os trabalhos e os dias*, o poeta grego Hesíodo (século VIII a.C.) divide a história universal em cinco eras: a era de ouro – em que, sob o governo do titã Cronos, reinam a justiça e a paz – e as subsequentes eras de prata, de bronze, dos heróis e de ferro, sob o governo de Zeus. Nietzsche mescla essa concepção das eras com o mito das titanomaquias, nas quais Zeus, que é filho de Cronos e Reia, derrota os titãs, lança-os no Tártaro e funda o domínio dos deuses olímpicos.

ricas. Se desse modo a história helênica mais antiga, na luta entre aqueles dois princípios hostis, se divide em quatro grandes estágios artísticos,[56] somos agora compelidos a continuar nosso questionamento e perguntar a respeito do plano último desse devir e desse afã caso o último período alcançado, o da arte dórica, não nos pareça, porventura, o auge e o propósito daqueles impulsos artísticos: e aqui oferece-se a nossos olhares a sublime e altamente celebrada obra de arte da *tragédia ática* e do ditirambo dramático como a meta comum de ambos os impulsos, cuja misteriosa união conjugal, após longa luta prévia, se glorificou nessa filha – que é, a um só tempo, Antígona e Cassandra.[57]

5.

Aproximamo-nos agora da verdadeira meta de nossa investigação, dirigida ao conhecimento do gênio dionisíaco-apolíneo e de sua obra de arte, pelo menos à compreensão, plena de pressentimentos, do mistério dessa unidade. Aqui nos perguntamos, em primeiro lugar, onde esse novo germe se faz notar pela primeira vez no mundo helênico, desenvolvendo-se mais tarde até a tragédia e o ditirambo dramático.[58] Acerca

---

56. Isto é, a era "de bronze", o mundo homérico, a irrupção do culto a Dioniso e o estágio dórico-apolíneo.

57. Antígona e Cassandra não são apenas personagens da tragédia, mas, nessa alegoria pouco clara, também unificariam o dionisíaco e o apolíneo.

58. Não há maiores conhecimentos sobre o gênero do ditirambo dramático, apenas uma referência numa obra (cont.)

disso, a própria Antiguidade nos dá uma explicação em imagens ao colocar *Homero e Arquíloco*[59] lado a lado, como os antepassados e portadores de tochas da poesia grega, em esculturas, camafeus etc., com o sentimento seguro de que só estes dois deveriam ser considerados naturezas originais plenamente semelhantes, a partir das quais fluiria uma torrente de fogo rumo a toda a posteridade grega. Homero, o sonhador idoso mergulhado em si mesmo, o tipo do artista apolíneo, ingênuo, olha com espanto a cabeça apaixonada do belicoso servo das musas Arquíloco, selvagemente impelido através da existência:[60] e a estética moderna soube apenas acrescentar, à maneira de interpretação, que aí se contrapunha ao artista "objetivo" o primeiro artista "subjetivo".[61] Pouco nos

---

(cont.) consultada por Nietzsche, *Geschichte des Drama's*, Bd. 1: *Geschichte des grieschischen und römischen Drama's* [História do drama, v. 1: História do drama grego e romano], 1865, p. 115, de Julius Leopold Klein, em que, recorrendo-se a uma fonte antiga, a obra *O ciclope*, de Filoxeno, é chamada de ditirambo dramático. Nietzsche atribui um caráter dramático ao ditirambo para sugerir sua afinidade com o suceder dramático da tragédia.

59. Viveram, respectivamente, no século VIII a.C e por volta de 700-640 a.C.

60. "Selvagemente impelido através da existência" é uma paráfrase feita por Nietzsche de um fragmento de Arquíloco; a caracterização de "belicoso servo das musas" baseia-se em outro fragmento do poeta.

61. A oposição entre poeta "subjetivo" = lírico e "objetivo" = épico foi repetidamente estabelecida pela teoria estética, especialmente por August Wilhelm Schlegel em *Geschichte der klassischen Literatur* [História da literatura clássica] (cont.)

ajuda essa interpretação, pois conhecemos o artista subjetivo apenas como artista ruim e exigimos, em todos os gêneros e níveis da arte, sobretudo e em primeiro lugar, a vitória sobre o subjetivo, a libertação em relação ao "eu" e o silenciar de toda vontade e todo apetite individuais, sendo inclusive incapazes de acreditar na menor produção verdadeiramente artística que seja desprovida de objetividade, de um contemplar puro e sem interesse.[62] Por isso, nossa estética precisa resolver primeiro o problema de saber como o "poeta lírico" é possível como artista: ele, que, segundo a experiência de todas as épocas, sempre diz "eu" e canta diante de nós toda a escala cromática[63] de suas paixões e de seus anseios. Precisamente este Arquíloco nos intimida, em comparação com Homero, por causa do grito de seu ódio e de seu escárnio, por causa das irrupções ébrias de sua avidez; assim, não é ele, o primeiro artista chamado de subjetivo, o verdadeiro não artista? Mas de onde, então, provém a

(cont.) (1802-3) e por Hegel em suas *Vorlesungen über die Ästhetik* [Conferências sobre a estética].

62. Concepção da estética schopenhaueriana (ver *O mundo como vontade e representação*, v. 1, livro 3, § 36) e com base kantiana. Em sua *Crítica da faculdade do juízo*, Kant sustenta que todos os juízos estéticos autênticos repousam num "agradar ou desagradar sem qualquer interesse".

63. Em comparação com a escala diatônica, formada pelos sete tons e semitons da sequência natural das notas (dó, ré, mi, fá, sol, lá, si), a escala cromática amplia as possibilidades de expressão da música pela decomposição de cada uma dessas notas em dois semitons, dividindo assim a oitava em doze partes iguais.

reverência também prestada a ele, o poeta, justamente pelo oráculo délfico, o centro da arte "objetiva", por meio de ditos bastante notáveis?

Schiller nos trouxe luz sobre o processo de seu poetar graças a uma observação psicológica inexplicável a ele próprio, mas que não parece dúbia; pois ele confessa, como estado preparatório que antecede o ato de poetar, não ter tido diante de si e em si, porventura, uma série de imagens, com causalidade ordenada de pensamentos, mas, antes, um *humor musical* ("De início, o sentimento não tem em mim um objeto definido e claro; este se forma apenas mais tarde. Antes sobrevém um certo humor musical, e só a este se segue em mim a ideia poética"[64]). Se a isso acrescentarmos agora o mais importante fenômeno de toda a lírica antiga, a união, e inclusive a identidade, consideradas naturais em toda parte, entre o *poeta lírico* e o *músico* – comparadas às quais nossa lírica moderna parece a estátua de um deus sem cabeça –, podemos agora, com base em nossa metafísica estética anteriormente apresentada, explicar o poeta lírico da seguinte maneira. Em primeiro lugar, como artista dionisíaco, ele se tornou completamente um só com o uno primordial, com sua dor e sua contradição, e produz a réplica desse uno primordial sob a forma de música, ainda que esta tenha sido chamada, com razão, de uma repetição do mundo e uma segunda reprodução deste;[65] mas então essa música volta a se

64. De uma carta a Goethe de 18 de março de 1796.

65. Uma concepção de Schopenhauer. Em *O mundo como vontade e representação* (v. 1, livro 3, § 52), o filósofo (cont.)

tornar visível para ele, sob a influência apolínea do sonho, como numa *imagem onírica alegórica*. Esse reflexo da dor primordial na música, desprovido de imagens e conceitos, com sua salvação na aparência, produz agora um segundo reflexo, como alegoria ou exemplo individual. O artista já renunciou a sua subjetividade no processo dionisíaco: a imagem, que agora lhe mostra a unidade dele com o coração do mundo, é uma cena onírica que torna perceptível aos sentidos aquela contradição e dor primordiais, juntamente com o prazer primordial da aparência. O "eu" do poeta lírico ressoa, portanto, do abismo do ser: sua "subjetividade", na acepção dos modernos teóricos da estética, é uma ilusão. Quando Arquíloco, o primeiro poeta lírico dos gregos, declara seu louco amor e, ao mesmo tempo, seu desprezo pelas filhas de Licambes,[66] não é sua paixão que dança diante de nós em cambaleio orgiástico: vemos Dioniso e as mênades, vemos o embriagado entusiasta Arquíloco caído no sono – o sono em um alto prado alpino sob o sol do meio-dia, como Eurípides o descreve para nós em *As bacantes* –: e então Apolo se aproxima dele e o toca com a coroa de louros. O enfeitiçamento dionisíaco-musical do homem que dorme faz cintilar em torno,

(cont.) afirma que a música seria uma "réplica da própria vontade" e "por isso, o efeito da música é tão mais poderoso e penetrante que o das outras artes: pois estas falam apenas da sombra, mas ela fala da essência".

66. Licambes de Paros (ilha grega) recusou-se a conceder a filha, Neobule, a Arquíloco; este, como retaliação, compôs versos satíricos que teriam levado Licambes a suicidar-se.

por assim dizer, centelhas de imagens, poemas líricos, que, em seu desenvolvimento máximo, são chamados de tragédias e ditirambos dramáticos.

O escultor e, ao mesmo tempo, o poeta épico, a ele aparentado, está absorto na pura contemplação das imagens. O músico dionisíaco, sem qualquer imagem, é ele próprio, por inteiro, apenas dor primordial e eco primordial desta. O gênio lírico sente crescer a partir do estado místico de autorrenúncia e de unidade um mundo de imagens e alegorias dotado de um colorido, uma causalidade e uma velocidade completamente diferentes daqueles do mundo do escultor e do poeta épico. Ao passo que este último vive com alegre deleite nessas imagens e apenas nelas, não se cansando de contemplá-las amorosamente até os menores traços, ao passo que mesmo a imagem de Aquiles enfurecido[67] é para ele apenas uma imagem, cuja expressão enfurecida ele goza com aquele prazer onírico em relação à aparência – de modo que ele, devido a esse espelho da aparência, está protegido de tornar-se um só e fundir-se com seus personagens –, as imagens do poeta lírico, em contrapartida, não são outra coisa senão *ele* próprio e, por assim dizer, apenas distintas objetivações dele, razão pela qual, como centro movente desse mundo, pode dizer "eu": só que esse egotismo não é o mesmo do ser humano desperto, empírico-real, mas o único egotismo de fato e verdadeiramente existente e eterno, a repousar no âmago das coisas, graças a cujas réplicas o gênio

---

67. No início da *Ilíada*, Homero declara que a "fúria" de Aquiles é a origem dos fatos, que essa fúria tudo determina.

lírico discerne esse âmago das coisas. Imaginemos agora como ele, dentre essas réplicas, também vê *a si mesmo* como não gênio, isto é, seu "sujeito", todo o rebuliço de subjetivas paixões e manifestações de vontade dirigidas a uma coisa determinada, que lhe parece real; se agora parecesse que o gênio lírico e o não gênio a ele ligado fossem um só e que o primeiro dissesse de si mesmo a palavrinha "eu", então agora essa aparência não poderia mais nos enganar como de fato enganou aqueles que caracterizaram o poeta lírico como poeta subjetivo. Na verdade, Arquíloco, o homem que se inflama, que ama e odeia passionalmente, é apenas uma visão do gênio que já não é mais Arquíloco, e sim gênio universal, e que expressa simbolicamente sua dor primordial naquela alegoria do homem Arquíloco: ao passo que aquele homem Arquíloco que quer e anseia subjetivamente não pode jamais, de forma alguma, ser poeta. Mas não é de modo algum necessário que o poeta lírico veja diante de si, como reflexo do ser eterno, precisamente apenas o fenômeno do homem Arquíloco; e a tragédia demonstra o quanto o mundo de visões do poeta lírico pode se distanciar deste fenômeno, que de fato é o mais próximo.

Schopenhauer, que não ocultou a si mesmo a dificuldade que o poeta lírico constitui para a contemplação filosófica da arte, acredita ter encontrado uma saída, em que não posso acompanhá-lo, ao passo que só ele, em sua profunda metafísica da música, teve nas mãos o recurso com o qual essa dificuldade pôde ser terminantemente eliminada: como, no seu espírito e em sua honra, acredito ter feito aqui. Ele, em contrapartida, indica o seguinte como a peculiar essência da canção (*O mundo como vontade e representação*, v. 1, livro 3, § 51): "É o sujeito da vontade, isto é, o próprio querer, o que preenche a consciência do cantor, com frequência como um querer libertado, satisfeito (alegria), mas decerto com frequência ainda maior como um querer inibido (tristeza), sempre como afeto, paixão, estado comovido de ânimo. No entanto, ao lado disso e ao mesmo tempo, o cantor, graças à visão da natureza circundante, toma consciência de si mesmo como sujeito do conhecer puro, desprovido de vontade, cuja quietude imperturbável, bem-aventurada, contrasta com o ímpeto do querer, sempre limitado, sempre necessitado: a sensação desse contraste, dessa alternância, é o que no fundo se expressa no todo da canção e o que constitui, afinal, o estado lírico. Neste, o puro conhecer nos aborda, por assim dizer, a fim de nos libertar do querer e de seu ímpeto: nós obedecemos; mas apenas por instantes: vez após vez, o querer, a recordação de nossos fins pessoais, arrancam-nos da plácida contemplação; mas também vez após vez nos arranca do querer o ambiente imediato e belo em que o conhecimento puro e desprovido de vontade se apresenta a nós. Por isso, na canção e na disposição lírica mesclam-se de modo admirável o querer (o interesse pessoal dos fins) e o puro contemplar do ambiente que se apresenta: relações entre ambos são buscadas e imaginadas; a disposição subjetiva, a afecção da vontade, comunica sua cor via reflexo ao ambiente contemplado, e este, por sua vez, àquela: a canção genuína é a cópia de todo esse estado de ânimo assim mesclado e partilhado".

Quem seria capaz de ignorar nessa descrição que nela a poesia lírica é caracterizada como uma arte incompletamente alcançada, por assim dizer no meio de um salto, raramente chegando a seu objetivo, caracterizada inclusive como uma semiarte, cuja *essência* consistiria em que o querer e o puro contemplar, isto é, o estado inestético e o estético, se mesclassem de modo admirável? Afirmamos, isto sim, que toda a oposição segundo a qual mesmo Schopenhauer, como se fosse um critério, ainda divide as artes – a oposição entre o subjetivo e o objetivo – é descabida sobretudo na estética, visto que o sujeito, o indivíduo que quer e que fomenta seus fins egoístas, só pode ser pensado como adversário e não como origem da arte. Porém, na medida em que o sujeito é artista, ele já está liberto de sua vontade individual e tornou-se um meio, por assim dizer, através do qual o único sujeito verdadeiramente existente celebra sua salvação na aparência. Pois, sobretudo, precisamos ter clareza, para nosso rebaixamento *e* nossa elevação, que a inteira comédia da arte não é de forma alguma encenada para nós, porventura para nossa melhora e nossa formação; mais que isso, que tampouco somos os verdadeiros criadores desse mundo artístico: mas decerto estamos autorizados a supor acerca de nós próprios que, para o verdadeiro criador dele, já somos imagens e projeções artísticas e temos nossa máxima dignidade no significado de obras de arte – pois apenas como *fenômeno estético* a existência e o mundo estão eternamente *justificados*:

ao passo que, no entanto, nossa consciência sobre esse nosso significado dificilmente difere daquela que os guerreiros pintados na tela têm sobre a batalha nela representada. Assim sendo, todo o nosso conhecimento artístico é, no fundo, completamente ilusório, pois, como conhecentes, não somos unos e idênticos àquele ser que, como único criador e espectador dessa comédia da arte, proporciona a si mesmo um eterno deleite. Apenas até o ponto em que o gênio, no ato da geração artística, se funde com esse artista primordial do mundo é que ele sabe algo sobre a essência eterna da arte; pois, nesse estado, surpreendentemente, ele se assemelha àquela figura sinistra do conto de fadas[68] que é capaz de girar os olhos e ver a si mesma; então ele é ao mesmo tempo sujeito e objeto, ao mesmo tempo poeta, ator e espectador.

---

68. "A menina que pisou no pão", de Hans Christian Andersen. A protagonista, Inger, pisa num pão a fim de não sujar os calçados ao atravessar um pântano, mas este a engole e em seu fundo ela encontra uma entidade subterrânea, a "mulher do pântano". A mulher do pântano recebe a visita do Diabo e da bisavó deste; esta leva Inger consigo para o Inferno, onde, com outros atormentados, é obrigada a ficar quase inteiramente estática: o único movimento possível é o dos olhos. Ver Claus Zittel, "'Dem unheimliche Bilde des Mährchens gleich': Überlegungen zu einer poetologischen Schlüsselstelle in Nietzsches *Geburt der Tragödie*" ["'Semelhante àquela figura sinistra do conto de fadas': reflexões a propósito de uma passagem-chave poetológica de *O nascimento da tragédia*, de Nietzsche"], *Orbis Litterarum*, v. 69, nº 1, fev. 2014, p. 57-78.

6.

No que respeita a Arquíloco, a pesquisa erudita descobriu que ele introduziu a *canção popular* na literatura e que, por esse feito, coube-lhe aquela posição única, ao lado de Homero, na apreciação geral dos gregos. Mas o que é a canção popular em contraposição à epopeia, completamente apolínea? Nada senão o *perpetuum vestigium* de uma unificação do apolíneo e do dionisíaco; sua imensa difusão, estendendo-se a todos os povos e intensificando-se em criações sempre novas, é para nós um testemunho de quão forte é esse impulso artístico duplo da natureza: que deixa suas marcas na canção popular de um modo análogo ao que os movimentos orgiásticos de um povo se eternizam em sua música. Também teria de ser historicamente demonstrável como cada período ricamente produtivo de canções populares foi ao mesmo tempo estimulado da mais forte maneira por correntes dionisíacas, que sempre temos de considerar como fundo e pressuposto da canção popular.

Porém, consideramos que a canção popular é, em primeiríssimo lugar, o espelho musical do mundo, a melodia originária que agora busca um fenômeno onírico paralelo e o expressa na poesia. *A melodia, portanto, é o elemento primeiro e geral*, que, por isso, também pode sofrer em si várias objetivações, em vários textos. Ela também é, de longe, o mais importante e o mais necessário segundo a apreciação ingênua do povo. A melodia dá à luz a poesia e, mais precisamente, vez após vez; não é outra coisa o que *a forma estrófica da canção popular* quer nos dizer:

fenômeno que sempre observei com assombro, até finalmente encontrar essa explicação. Quem examina uma coleção de canções populares – *A cornucópia mágica do garoto*,[69] por exemplo – com essa teoria em mente, encontrará incontáveis exemplos de como a melodia, dando à luz sem cessar, lança centelhas de imagens em volta de si: que em sua variedade, sua mudança repentina e mesmo em seu doido precipitar-se manifestam uma força completamente desconhecida para a aparência épica e seu plácido fluir. Do ponto de vista da epopeia, esse mundo desigual e irregular de imagens da poesia lírica pode ser simplesmente condenado: e isso por certo fizeram os solenes rapsodos épicos das festas apolíneas da época de Terpandro.[70]

Na poesia da canção popular, portanto, vemos a linguagem empregar ao máximo suas forças para *imitar a música*: por isso começa com Arquíloco um novo mundo de poesia, que contradiz o mundo homérico em seu fundamento mais profundo. Dessa forma, caracterizamos a única relação possível entre a poesia e a música, a palavra e o som: a palavra, a imagem e o conceito buscam uma expressão análoga à música e padecem agora, em si mesmos, a violência

69. *Des Knaben Wunderhorn*, coletânea reunida por Achim von Arnin (1781-1831) e Clemens Brentano (1778-1842) e publicada em três volumes entre 1805 e 1808; entrou imediatamente para o cânone lírico do romantismo alemão.

70. Terpandro de Lesbos viveu na primeira metade do século VII a.C. e é considerado o inventor da lira de sete cordas (cítara). Os rapsodos eram cantores ambulantes que, até o século V a.C., recitavam epopeias publicamente, sobretudo as de Homero.

da música. Nesse sentido, podemos distinguir duas correntes principais na história da linguagem do povo grego, dependendo do fato de a linguagem imitar o mundo dos fenômenos e das imagens, ou imitar o mundo da música. Basta que se pense mais a fundo sobre a diferença, no âmbito da linguagem, que há na cor, na construção sintática e no material de palavras de Homero e Píndaro[71] para compreender a importância dessa oposição; torna-se inclusive palpavelmente nítido que entre a época de Homero e a de Píndaro devem ter ressoado as *orgiásticas melodias de flauta de Olimpo*,[72] que ainda na época de Aristóteles,[73] em meio a uma música infinitamente mais desenvolvida, arrebatavam a um ébrio entusiasmo e que, por certo, em seu efeito originário, incitaram à imitação todos os meios poéticos de expressão dos contemporâneos. Recordo aqui um conhecido fenômeno de nossos dias,

71. Píndaro viveu entre 518 e 440 a.C., aproximadamente. De seus peãs (hinos em honra a Apolo) e ditirambos restaram apenas fragmentos; de seus epinícios (canções de vitória), em contrapartida, conservaram-se quatro livros. Tais canções celebravam os vencedores dos jogos olímpicos, píticos (Delfos), ístmicos (Corinto) e nemeus. Em virtude de seu lirismo extremamente elaborado e difícil, foi considerado como poeta sem par na Antiguidade, sendo celebrado por Horácio (*Odes*, 4, 2) e Quintiliano (*Instituições oratórias*, X, 1, 61).

72. Célebre flautista, talvez apenas mitológico; oriundo da Frígia, país da Ásia Menor, teria introduzido a música de flauta na Grécia, considerada provocante e arrebatadora.

73. Ou seja, séculos depois. Aristóteles viveu de 384 a 322 a.C.

que para nossa estética parece apenas chocante.[74] Vez após outra, vemos como uma sinfonia de Beethoven obriga os ouvintes individuais a uma fala por imagens, por mais que uma junção dos diversos mundos de imagens produzidos por uma obra musical se apresente de uma forma fantasticamente multicolorida, até contraditória: exercitar seu pobre engenho a propósito de tais junções e ignorar o fenômeno verdadeiramente digno de explicação condiz bem com a índole dessa estética. Mesmo quando um compositor falou em imagens sobre uma composição, quando, por exemplo, chama uma sinfonia de "Pastoral" e um movimento de "Cena junto ao riacho", e um outro de "Alegre reunião de camponeses",[75] estas são igualmente apenas representações alegóricas, nascidas da música – e não, talvez, os objetos imitados pela música –, representações que sob nenhum aspecto podem nos instruir sobre o conteúdo *dionisíaco* da música e, inclusive, não têm valor exclusivo ao lado de outras imagens. Temos agora de transpor esse processo de uma descarga da música em imagens a uma massa popular jovem, criadora em termos de linguagem, para chegar a uma noção de como surge a canção popular estrófica e de

74. Alusão ao teórico da música Eduard Hanslick e sua obra *Vom Musikalisch-Schönen. Ein Beitrag zur Ästhetik der Tonkunst* [Do belo musical: uma contribuição à estética da música], Leipzig, 1854. Nesse livro, o autor defende a autonomia da forma musical, que se expressaria apenas na música instrumental "pura".

75. Referência ao segundo e ao terceiro movimentos da *Sinfonia nº 6 em fá maior*, "Pastoral", de Beethoven.

como a inteira faculdade da linguagem é estimulada pelo novo princípio da imitação da música.

Se, pois, estivermos autorizados a considerar a poesia lírica como a fulguração imitadora da música em imagens e conceitos, podemos agora perguntar: "como *aparece* a música no espelho da figuratividade e dos conceitos?". *Ela aparece como vontade*, a palavra tomada no sentido schopenhaueriano, isto é, como oposto da disposição estética, puramente contemplativa, desprovida de vontade. Distinga-se aqui, tão nitidamente quanto possível, entre o conceito de essência e o conceito de fenômeno: pois, segundo sua essência, é impossível que a música seja vontade, pois, como tal, precisaria ser banida completamente do âmbito da arte – já que a vontade é o inéstetico em si –; mas ela aparece como vontade. Pois, para expressar o fenômeno dela em imagens, o poeta lírico precisa de todas as manifestações da paixão, desde o sussurrar da afeição até o ribombar da loucura; impelido a falar da música em alegorias apolíneas, ele compreende a natureza inteira, e a si mesmo nela, apenas como aquilo que eternamente quer, anseia, aspira. Porém, na medida em que interpreta a música em imagens, ele próprio repousa na silenciosa calma marítima da contemplação apolínea, por mais que tudo o que veja através do meio da música esteja em movimento urgente e impulsionante em torno dele. Quando olha a si mesmo através do mesmo meio, exibe-se a ele sua própria imagem em estado de sentimento insatisfeito: seu próprio querer, aspirar, suspirar e jubilar são para ele uma alegoria com que interpreta a música. Esse é o fenômeno do poeta lírico: como gênio apolíneo, ele interpreta a música mediante a imagem da vontade, ao passo que ele próprio, completamente apartado da cobiça da vontade, é um olho solar puro e não turvado.

Toda esta explanação atém-se ao fato de a poesia lírica ser exatamente tão dependente do espírito da música quanto a própria música, em sua plena soberania, não *precisar* da imagem e do conceito, mas apenas *tolerá-los* a seu lado. A poesia do poeta lírico nada pode expressar que já não esteja na mais extraordinária generalidade e universalidade na música que o obrigou à fala por imagens. O simbolismo universal da música não pode ser de modo algum esgotado pela linguagem precisamente pelo fato de a música referir-se simbolicamente à contradição e à dor primordiais no coração do uno primordial, simbolizando assim uma esfera que está acima de todo fenômeno e antes de todo fenômeno. Mais que isso, frente a ela todo fenômeno é apenas alegoria: daí que a *linguagem*, como órgão e símbolo dos fenômenos, jamais possa virar do avesso o íntimo mais profundo da música, mas apenas se mantenha, tão logo trate de imitá-la, num contato exterior com ela, enquanto o sentido mais profundo da música tampouco pode ser aproximado de nós um passo sequer por meio de toda a eloquência lírica.

7.

Temos de recorrer agora a todos os princípios artísticos discutidos até aqui a fim de nos orientarmos no labirinto, que é como temos de designar *a origem da tragédia grega*. Acredito não declarar nenhum absurdo quando digo que o problema dessa origem não foi até agora sequer colocado seriamente, e muito menos resolvido, por mais que os trapos esvoaçantes da tradição antiga já tenham sido muitas vezes costurados combinatoriamente uns aos outros e de novo rasgados. Essa tradição nos diz com plena firmeza *que a tragédia surgiu do coro trágico* e que era originalmente apenas coro e nada senão coro: donde tomamos a obrigação de discernir até o coração desse coro trágico, na condição de verdadeiro drama primordial, sem nos contentarmos de qualquer modo com o palavreado corrente sobre arte – segundo o qual o coro trágico seria o espectador ideal, ou que representaria o povo diante da região principesca da cena. Este último pensamento explicativo, que soa sublime para muitos políticos – como se a lei moral imutável dos atenienses democráticos estivesse representada no coro popular, que, ultrapassando as transgressões e os excessos passionais dos reis, sempre tem razão –, pode mesmo ter sido sugerido por um dito de Aristóteles:[76] tal pensamento não tem influência sobre a formação original da tragédia, visto que toda a oposição entre povo e príncipe, sobretudo qualquer esfera político-social, estão excluídas daquelas origens puramente religiosas; mas também com respeito à forma clássica do coro que conhecemos em Ésquilo e Sófocles consideramos uma blasfêmia falar aqui do

76. *Problemata*, XIX 48, 922b 18 e segs., texto pseudo-aristotélico.

pressentimento de uma "representação constitucional do povo", blasfêmia diante da qual outros não recuaram. As antigas constituições de Estado não conhecem uma representação constitucional do povo *in praxi* [na prática] e, como é de esperar, sequer a "pressentiram" em sua tragédia.

Muito mais célebre do que essa explicação política do coro é o pensamento de A.W. Schlegel que nos recomenda considerar o coro, de certa forma, como a suma e o extrato da multidão de espectadores, como o "espectador ideal".[77] Essa opinião, comparada àquela tradição histórica de que a tragédia foi originalmente apenas coro, mostra-se como o que é, uma tese grosseira, não científica, embora brilhante, mas que apenas obteve seu brilho graças à forma concentrada da expressão, graças à parcialidade autenticamente germânica em favor de tudo o que é chamado de "ideal" e graças a nosso pasmo momentâneo. Pois ficamos pasmados tão logo comparamos o público de teatro, que bem conhecemos, com aquele coro, e nos perguntamos se seria alguma vez possível extrair desse público, mediante idealização, algo análogo ao coro trágico. Negamos isso em silêncio, e tanto nos espantamos agora com a ousadia da afirmação de Schlegel quanto com a natureza totalmente distinta do público grego. Pois sempre havíamos pensado, afinal, que o verdadeiro espectador, seja ele quem for, deveria estar sempre consciente de ter diante de

77. August Wilhelm Schlegel (1767-1845), *Vorlesungen über dramatische Kunst und Literatur* [Conferências sobre arte dramática e literatura], 1809.

si uma obra de arte, e não uma realidade empírica: ao passo que o coro trágico dos gregos é forçado a reconhecer existências de carne e osso nos personagens do palco. O coro de oceânides realmente acredita ver diante de si o titã Prometeu e considera a si próprio tão real quanto o deus da cena. E este deveria ser o tipo mais elevado e mais puro de espectador, que, como as oceânides, julga Prometeu fisicamente presente e real?[78] E seria a característica do espectador ideal correr pelo palco e libertar o deus de seus suplícios? Tínhamos acreditado num público estético e considerado o espectador individual tanto mais apto quanto mais fosse capaz de tomar a obra de arte como arte, isto é, esteticamente; e agora a expressão de Schlegel nos dá a entender que o espectador consumado e ideal não permite que o mundo da cena atue esteticamente sobre si, mas de modo corpóreo, empírico. Oh, esses gregos!, suspirávamos; eles derrubam nossa estética! Mas, acostumados com isso, repetíamos o dito de Schlegel sempre que se tratava do coro.

Mas aquela tradição tão clara fala aqui contra Schlegel: o coro em si, sem palco – ou seja, a forma primitiva da tragédia –, e aquele coro de espectadores ideais não são compatíveis entre si. Que gênero artístico seria esse que fosse extraído do conceito de espectador, espectador que teria sua verdadeira forma no "espectador em si"? O espectador sem espetáculo é um conceito absurdo. Receamos que o nascimento

78. Em *Prometeu acorrentado*, de Ésquilo, entra em cena um coro de ninfas do mar, as oceânides, que se interessam, com compaixão e advertências, pelo destino de Prometeu.

da tragédia não possa ser explicado a partir da alta apreciação da inteligência moral da massa, nem a partir do conceito do espectador sem espetáculo, e consideramos esse problema profundo demais para sequer ser tocado por categorias de observação tão rasas.

Uma compreensão infinitamente mais valiosa sobre o significado do coro já foi revelada por Schiller no famoso prólogo de *A noiva de Messina*, que considerava o coro como uma muralha viva que a tragédia edifica em torno de si a fim de se isolar completamente do mundo real e conservar seu terreno ideal e sua liberdade poética.[79]

Com essa que é a sua principal arma, Schiller luta contra o conceito comum do natural, contra a ilusão comumente exigida da poesia dramática. Enquanto o próprio dia no teatro é apenas um dia artificial, a arquitetura é apenas simbólica e a linguagem métrica ostenta um caráter ideal, o erro sempre reinaria no todo: não bastaria tolerar apenas como uma liberdade poética o que afinal é a essência de toda poesia. A introdução do coro seria o passo decisivo com que se declararia guerra, aberta e honestamente, a todo naturalismo na arte. – Semelhante maneira de ver, parece-me, é aquela para a qual a nossa época, que se julga superior, emprega a fórmula desdenhosa de

---

79. O prólogo a essa peça de Schiller intitula-se "Sobre o uso do coro na tragédia"; Nietzsche não menciona que Schiller não trata da tragédia antiga, mas da tragédia moderna a que o dramaturgo pretendia dar forma em peças como *Die Braut von Messina* [A noiva de Messina].

"pseudoidealismo". Temo, pelo contrário, que com nossa atual reverência pelo natural e pelo real chegamos ao polo oposto de todo idealismo, a saber, à região dos gabinetes de figuras de cera. Também neles há uma arte, como em certos romances populares do presente:[80] mas que não nos atormentem com a reivindicação de que com essa arte estaria superado o "pseudoidealismo" schilleriano-goethiano.

De fato, o chão sobre o qual, segundo a correta compreensão de Schiller, costuma caminhar o coro grego de sátiros, o coro da tragédia original, é um chão "ideal", um chão bastante elevado acima da via efetiva trilhada pelos mortais. O grego carpintejou para esse coro as armações pairantes de um *estado de natureza* fictício e, no alto delas, postou *seres naturais* fictícios.[81] Sobre esse fundamento, a tragédia cresceu rumo às alturas, e, por certo, já por esse motivo, foi dispensada desde o início de um penoso retratar da realidade. Apesar disso, não se trata de um mundo arbitrariamente introduzido via fantasia entre o céu e a terra; trata-se, antes, de um mundo dotado da mesma realidade e credibilidade que o Olimpo, com seus moradores, tinha para o heleno piedoso. O sátiro na condição de coreuta[82] dionisíaco vive em uma realidade religiosamente permitida, sob a san-

80. Nietzsche refere-se aos romances realistas de seu tempo, sobretudo os de Gustav Freytag (1816-1895).

81. A ideia de "armações pairantes" se baseia numa antiga tese, hoje refutada, segundo a qual o coro se postava sobre uma armação especial.

82. Cada um dos membros do coro do teatro.

ção do mito e do culto. O fato de com ele começar a tragédia, de a partir dele falar a sabedoria dionisíaca da tragédia, é um fenômeno que aqui nos causa tanta estranheza quanto, afinal, a origem da tragédia a partir do coro. Talvez ganhemos um ponto de partida para a consideração dos fatos se eu apresentar a tese de que o sátiro, o ser natural fictício, está para o homem aculturado tal como a música dionisíaca está para a civilização. Desta última, Richard Wagner afirma que é suplantada pela música tal como o brilho da lâmpada é suplantado pela luz do dia.[83] Do mesmo modo, creio eu, sentia-se suplantado o homem aculturado grego face ao coro de sátiros: e esse é o efeito mais imediato da tragédia dionisíaca, que o Estado e a sociedade, sobretudo os abismos entre uma pessoa e outra, cedam lugar a um sentimento irresistível de unidade, que conduz de volta ao coração da natureza. O consolo metafísico – com o qual, como já aludi aqui, nos deixa toda verdadeira tragédia – de que a vida, no âmago das coisas, apesar de toda a mudança dos fenômenos, é indestrutivelmente imponente e prazerosa, esse consolo aparece com nitidez corpórea como coro de sátiros, como coro de seres naturais que, por assim dizer, vivem de modo inextinguível por trás de toda civilização e, apesar de toda a mudança das gerações e da história dos povos, permanecem eternamente os mesmos.

Com esse coro consola-se o heleno profundo e singularmente apto ao sofrimento mais sutil e mais

83. Em seu escrito comemorativo sobre Beethoven, de 1870.

grave, ele que, com olhar aguçado, viu o interior do terrível bulício aniquilador da chamada história universal, bem como a crueldade da natureza, e que corre o risco de ansiar por uma negação budista da vontade. A arte o salva, e, graças à arte, salva-o para si – a vida.

Pois o arrebatamento do estado dionisíaco, com sua aniquilação das barreiras e dos limites usuais da existência, contém, enquanto dura, um elemento *letárgico*,[84] no qual mergulha tudo o que foi vivenciado pessoalmente no passado. Desse modo, graças a esse abismo do esquecimento, separam-se um do outro os mundos da realidade cotidiana e da realidade dionisíaca. Porém, tão logo essa realidade cotidiana entre novamente na consciência, é sentida, como tal, com asco; uma disposição ascética, negadora da vontade, é o fruto daqueles estados. Nesse sentido, o ser humano dionisíaco tem semelhança com Hamlet: ambos lançaram, certa vez, um olhar verdadeiro na essência das coisas, eles *tomaram conhecimento*, e agir os enoja; pois sua ação nada pode mudar na eterna essência das coisas, e sentem como ridículo ou ignóbil alguém exigir-lhes que endireitem o mundo que saiu dos gonzos. O conhecimento mata o agir, o agir requer o estado de velamento pela ilusão – eis o ensinamento de Hamlet, não aquela sabedoria barata

84. Termo que se relaciona etimologicamente com Letes ("esquecimento"), nome de um dos cinco rios do Inferno mitológico; uma vez que os mortos o atravessavam, esqueciam suas existências passadas.

do João Sonhador,[85] que não chega a agir por demasiada reflexão, devido a um excesso de possibilidades, por assim dizer; não o refletir, não! – o verdadeiro conhecimento, a compreensão da horrenda verdade sobrepuja qualquer motivo que incite ao agir, tanto no caso de Hamlet quanto no do homem dionisíaco. Agora não adianta mais nenhum consolo, o anseio ultrapassa um mundo após a morte, ultrapassa os próprios deuses; a existência, com seus reflexos cintilantes nos deuses ou num além imortal, é negada. Com a consciência da verdade uma vez encarada, o ser humano vê agora por toda parte apenas o horrendo ou o absurdo do ser, agora ele compreende o elemento simbólico no destino de Ofélia,[86] agora ele reconhece a sabedoria de Sileno, o deus dos bosques: sente asco.

Aqui, nesse perigo extremo da vontade, aproxima-se, como feiticeira salvadora e versada em artes médicas, a *arte*; apenas ela consegue converter aqueles pensamentos cheios de asco acerca do horrendo ou do absurdo da existência em representações com as quais seja possível viver: estas são o *sublime*, como amansamento artístico do horrendo, e o *cômico*, como descarga artística do asco do absurdo. O coro de sátiros do ditirambo é o feito salvador da arte grega; no mundo intermediário desses acompanhantes

85. A expressão *Hans der Träumer* aparece na tradução alemã de *Hamlet* (ato II, cena 2) como o equivalente ao inglês *John-a-Dreams*; é usada pelo protagonista num trecho em que se recrimina por sua inação face ao assassinato do pai.

86. Ofélia, filha de Polônio, ama Hamlet; este mata Polônio, levando-a à loucura e ao suicídio.

dionisíacos esgotavam-se aqueles acessos anteriormente descritos.

8.

Tanto o sátiro quanto o pastor idílico de nossa época moderna são, ambos, produtos de um anseio dirigido ao originário e ao natural; no entanto, com que gesto firme e destemido o grego agarrou sua criatura dos bosques, quão envergonhada e molemente o homem moderno brincou com a imagem lisonjeira de um pastor terno, flauteador e de índole branda! A natureza ainda não trabalhada pelo conhecimento, na qual os ferrolhos da cultura ainda não foram arrombados – tal via o grego em seu sátiro, que, por isso, ainda não coincidia para ele com o símio.[87] Pelo contrário: ele era a imagem primordial do ser humano, a expressão de suas emoções mais elevadas e mais fortes, como entusiasta arrebatado a quem extasia a proximidade do deus, como companheiro compassivo em quem se repete o sofrimento do deus, como anunciador da sabedoria oriunda do seio mais profundo da natureza, como símbolo da onipotência sexual da natureza, que o grego está acostumado a contemplar com assombro reverente. O sátiro era algo sublime e divino: assim, em especial, ele devia parecer ao olhar dolorosamente

87. Alusão à teoria da evolução de Darwin, que Nietzsche, conforme uma carta ao amigo Carl von Gersdorff, conhecia pelo menos desde 1868 graças ao livro *Geschichte des Materialismus* [História do materialismo], de Friedrich Albert Lange, publicado em 1866.

abatido do homem dionisíaco. O pastor adornado e falso o teria ofendido: seu olho repousava com sublime contentamento sobre a caligrafia grandiosa, não velada e não atrofiada, da natureza; aqui a ilusão da cultura foi apagada da imagem primordial do ser humano, aqui se revelava o verdadeiro ser humano, o sátiro barbudo que dá gritos de júbilo para seu deus. Diante dele, o homem aculturado encolheu até se tornar uma caricatura mendaz. Schiller também tem razão quanto a esses primórdios da arte trágica: o coro é uma muralha viva que protege da realidade invasora, pois ele – o coro de sátiros – reproduz a existência de modo mais veraz, mais real e mais completo do que o homem aculturado, que comumente se julga a única realidade. A esfera da poesia não está fora do mundo, como uma impossibilidade fantástica de um cérebro de poeta: ela almeja ser o exato oposto, a expressão sem disfarces da verdade e tem, precisamente por isso, de lançar para longe de si os adornos mentirosos daquela suposta realidade do homem aculturado. O contraste entre essa genuína verdade da natureza e a mentira da cultura, que se porta como se fosse a única realidade, é semelhante ao que existe entre o cerne eterno das coisas, a coisa em si, e o inteiro mundo dos fenômenos: e tal como a tragédia, com seu consolo metafísico, aponta para a vida eterna daquele cerne da existência apesar do contínuo soçobro dos fenômenos, assim o simbolismo do coro de sátiros já expressa numa alegoria aquela relação primordial entre coisa em si e fenômeno. Aquele pastor idílico do homem moderno é apenas um retrato da soma de ilusões culturais que este toma por natureza; o grego dionisíaco quer a verdade e a natureza em sua força máxima – ele se vê magicamente transformado em sátiro.

O grupo entusiástico dos servos de Dioniso rejubila-se com tais disposições e conhecimentos: cujo poder os metamorfoseia diante dos próprios olhos, de modo que julgam ver a si mesmos como gênios restaurados da natureza, como sátiros. A posterior constituição do coro trágico é a imitação artística daquele fenômeno natural; imitação em que, no entanto, tornou-se necessária uma separação entre espectadores dionisíacos e seres dionisíacos magicamente transformados. Apenas precisamos ter sempre presente que o público da tragédia ática reencontrava a si mesmo no coro da orquestra,[88] que não havia, no fundo, oposição entre público e coro: pois tudo é apenas um grande e sublime coro de sátiros a dançar e a cantar, ou daqueles que se fazem representar por esses sátiros. O dito de Schlegel precisa revelar-se aqui a nós num sentido mais profundo. O coro é o "espectador ideal" na medida em que é o único *contemplador*, o contemplador do mundo de visões da cena.[89] Um público de espectadores tal como o conhecemos era

88. Parte do teatro grego localizada entre o público e o palco, mais baixa e semicircular, destinada às danças, aos músicos e às evoluções dos coros.

89. Nietzsche transforma a noção schlegeliana de "espectador ideal" (*idealische Zuschauer*) no conceito que define o participante dos mistérios, autorizado a contemplá-los, o "contemplador" (*Schauer*), ou epopta (do grego – ἐπόπτης, "que observa, que vela, que vigia, que contempla [os mistérios]", isto é, "iniciado no mais alto grau nos mistérios").

desconhecido aos gregos: em seus teatros, era possível a cada um, nos terraços da plateia que se elevavam em arcos concêntricos, *abranger* devidamente *com a vista* o inteiro mundo cultural a seu redor e, com olhar saciado, julgar-se coreuta ele próprio. Segundo essa compreensão, podemos chamar o coro, em seu estágio primitivo na tragédia primordial, de um autorreflexo do homem dionisíaco: fenômeno que pode ser tornado extremamente claro mediante o processo do ator, que, dado um verdadeiro talento, vê pairar diante de seus olhos, palpavelmente perceptível, o papel que tem a representar. O coro de sátiros é, em primeiríssimo lugar, uma visão da massa dionisíaca, como, por sua vez, o mundo do palco é uma visão desse coro de sátiros: a força dessa visão é intensa o bastante para, diante da impressão da "realidade", diante dos homens de cultura alojados em volta nas fileiras de assentos, tornar o olhar embotado e insensível. A forma do teatro grego lembra um solitário vale entre as montanhas: a arquitetura da cena aparece como a imagem brilhante de uma nuvem que as bacantes, a vaguear pelas montanhas, veem das alturas como a magnífica emolduração em cujo centro se evidencia para elas a imagem de Dioniso.

Esse fenômeno artístico primordial que aqui trazemos à discussão para explicar o coro trágico é quase escandaloso em nossa concepção erudita sobre os processos artísticos elementares; ao passo que nada pode ser mais certo do que o fato de o poeta só ser poeta por ver-se rodeado de personagens que diante dele vivem e agem e em cuja essência mais íntima ele lança seu olhar. Devido a uma peculiar fraqueza das aptidões modernas, estamos inclinados a imaginar o fenômeno estético primordial de um modo demasiado complexo e abstrato. Para o poeta genuíno, a metáfora não é uma figura de retórica, e sim uma imagem substitutiva que realmente paira diante dele no lugar de um conceito.[90] Para ele, o personagem não é um todo composto de traços particulares coligidos, e sim uma pessoa impertinentemente viva diante de seus olhos, que se distingue da idêntica visão do pintor apenas pelo incessante prosseguir de sua vida e de seu agir. Por que Homero descreve de modo muito mais visível do que todos os poetas? Porque vê muito mais. Falamos de poesia tão abstratamente pois todos costumamos ser maus poetas. No fundo, o fenômeno estético é simples; caso se tenha a capacidade de ver um jogo vívido sem cessar e de viver constantemente rodeado por multidões de espíritos, então a pessoa é poeta; caso sinta o impulso de metamorfosear-se e de falar a partir de outros corpos e almas, então a pessoa é dramaturgo.

A excitação[91] dionisíaca é capaz de comunicar a uma massa inteira essa aptidão artística de ver-se

---

90. No sistema retórico, a metáfora não é uma "figura de retórica", mas um tropo, ou seja, um emprego figurado de palavra ou locução. Em sua *Poética* (1459a), Aristóteles considera a metáfora um elemento central da linguagem poética.

91. "Excitação" e "excitar" – frequentemente com um subtom sexual – são palavras-chave wagnerianas. Em seu escrito *Oper und Drama* [Ópera e drama], o compositor as emprega repetidamente, enfatizando que cabe à música e aos demais recursos de representação da "obra de arte total" produzir a maior excitação emocional possível.

rodeado por uma tal multidão de espíritos com a qual ela se sabe, no íntimo, uma só. Esse processo do coro trágico é o fenômeno *dramático* primordial: ver-se metamorfoseado diante de si mesmo e então agir como se realmente se tivesse entrado em outro corpo, em outro personagem. Esse processo está no começo do desenvolvimento do drama. Eis aqui algo diferente do rapsodo, que não se funde com suas imagens, mas, similarmente ao pintor, vê-as fora de si com olhar contemplativo; aqui já há um renunciar do indivíduo graças ao ingresso numa natureza alheia. E, mais exatamente, esse fenômeno ocorre de modo epidêmico: uma multidão inteira sente-se magicamente transformada desse modo. Por isso, o ditirambo é essencialmente distinto de qualquer outro canto coral. As virgens que se dirigem solenemente ao templo de Apolo com ramos de louro na mão, a cantar uma canção de procissão, continuam sendo quem são e conservam seus nomes civis:[92] o coro ditirâmbico é um coro de metamorfoseados, cujo passado de cidadãos e cuja posição social foram complemente esquecidos: tornaram-se os servos atemporais de seu deus, vivendo fora de todas as esferas da sociedade. Toda a restante lírica coral dos helenos é apenas uma imensa intensificação do cantor individual apolíneo; ao passo que no ditirambo temos diante de nós uma comunidade de

92. Numa conferência dedicada aos poetas líricos gregos, Nietzsche menciona uma parteneia ("canção de virgens") publicada em 1863 a partir de um papiro egípcio; essa canção cita alguns dos nomes das jovens que a entoaram.

atores inconscientes, que se veem uns aos outros como metamorfoseados.

A transformação mágica é o pressuposto de toda arte dramática. Nessa transformação, o entusiasta dionisíaco se vê como sátiro *e, como sátiro, por sua vez, olha o deus*, isto é, em sua metamorfose ele vê uma nova visão fora de si, como consumação apolínea de seu estado. Com essa nova visão, o drama está completo.

Segundo esse entendimento, temos de compreender a tragédia grega como sendo o coro dionisíaco que, vez após vez, volta a se descarregar num mundo apolíneo de imagens. Aqueles trechos corais entretecidos na tragédia são, portanto, de certo modo, o ventre materno de todo o chamado diálogo, isto é, do inteiro mundo do palco, do autêntico drama.[93] Em várias descargas sucessivas, esse fundamento primordial da tragédia irradia aquela visão do drama: visão que é fenômeno onírico de ponta a ponta e, nessa medida, de natureza épica, mas, por outro lado, como objetivação de um estado dionisíaco, não representa a salvação apolínea na aparência, e sim, pelo contrário, o despedaçar-se do indivíduo e sua unificação com o ser primordial. Assim, o drama é o ato apolíneo de tornar perceptíveis aos sentidos conhecimentos e efei-

93. Com este enunciado central, que explica o título da primeira edição, *O nascimento da tragédia a partir do espírito da música*, Nietzsche adota os pensamentos básicos e até algumas formulações do texto *Oper und Drama*, de Wagner. O compositor atribui à orquestra o significado de "ventre materno" da música, comparando tal significado ao do coro na tragédia grega.

tos dionisíacos, sendo, por isso, separado da epopeia como que por um imenso abismo.

O *coro* da tragédia grega, o símbolo da inteira massa dionisiacamente excitada, encontra sua completa explicação nesta nossa concepção. Ao passo que nós, habituados ao posicionamento de um coro no palco moderno, sobretudo um coro de ópera, absolutamente não conseguíamos compreender como aquele coro trágico dos gregos seria mais antigo, mais original e inclusive mais importante do que a verdadeira "ação"[94] – algo que, afinal, fora legado tão claramente –; ao passo que nós, por outro lado, não conseguíamos harmonizar com aquela alta importância e originalidade legadas o fato de o coro, afinal, ser composto apenas por seres inferiores e servis, de início apenas por sátiros capriformes; ao passo que a orquestra diante da cena sempre foi para nós um enigma, chegamos agora à compreensão de que a cena, juntamente com a ação, foram, no fundo e originalmente, imaginadas apenas como *visão*, de que a única "realidade" é precisamente o coro, que gerou a visão a partir de si e dela fala com todo o simbolismo da dança, do som e da palavra. Em sua visão, esse coro vê seu senhor e mestre Dioniso, e, por isso, é eternamente o coro *servidor*: ele vê como este, o deus, sofre e se glorifica, e, por isso, ele próprio não *age*. Apesar dessa posição completamente servil frente ao deus, o coro é a expressão mais elevada,

94. Interpretação que contradiz o que é dito por Aristóteles na *Poética*, que afirma ser a ação o elemento constituinte e central da tragédia.

isto é, dionisíaca, da *natureza*, pronunciando por isso, como esta, em meio ao entusiasmo, ditos oraculares e de sabedoria: como coro *compassivo*, ele é ao mesmo tempo o coro *sábio*, anunciando a verdade a partir do coração do mundo. Assim surge, pois, aquela figura fantástica, e que parece tão escandalosa, do sátiro sábio e entusiástico, que é ao mesmo tempo "o homem tolo" em contraposição ao deus: retrato da natureza e de seus impulsos mais enérgicos, inclusive símbolo dela e, ao mesmo tempo, anunciador de sua sabedoria e sua arte: músico, poeta, bailarino e vidente numa só pessoa.

Dioniso, o autêntico herói do palco e centro da visão, conforme esse conhecimento e conforme a tradição, não está verdadeiramente presente, de início, no mais antiquíssimo período da tragédia, mas apenas representado como presente: isto é, originalmente a tragédia é apenas "coro" e não "drama". Mais tarde, é feita a tentativa de mostrar o deus como um deus real e de representar a figura da visão, juntamente com a emolduração transfiguradora, como algo visível a todos os olhos; assim começa o "drama" em sentido estrito. Agora o coro ditirâmbico recebe a tarefa de excitar dionisiacamente a disposição dos ouvintes até o ponto em que estes, quando o herói trágico aparece no palco, não vejam o homem informemente mascarado, mas uma figura da visão, nascida, por assim dizer, de seu próprio arrebatamento. Imaginemos Ádmeto,[95]

95. Na tragédia *Alceste*, de Eurípides, o rei Ádmeto chora a morte da esposa, Alceste, que, por amor, morreu para salvar a vida do marido.

em profunda reflexão, recordando-se de sua esposa recém-falecida, Alceste, e consumindo-se inteiramente na contemplação dela em espírito – como, de súbito, uma figura feminina de forma semelhante, com andar semelhante, é conduzida, encoberta, ao seu encontro: imaginemos sua súbita e trêmula inquietação, sua impetuosa comparação, sua convicção instintiva –, assim temos um análogo ao sentimento com que o espectador dionisiacamente excitado via o deus aproximar-se no palco, com cujos sofrimentos já se tornara um só. Involuntariamente, ele transferia a inteira imagem do deus, a qual tremulava magicamente diante de sua alma, àquela figura mascarada e dissolvia sua realidade, por assim dizer, numa irrealidade fantasmagórica. Este é o estado onírico apolíneo, em que o mundo do dia se vela e um novo mundo, mais nítido, mais compreensível e mais comovente do que aquele, e, no entanto, mais parecido com as sombras, renasce em constante mudança ante nossos olhos. De acordo com isso, reconhecemos na tragédia uma radical antítese de estilos: a linguagem, o colorido, a mobilidade e o dinamismo do discurso afastam-se na poesia lírica dionisíaca do coro e, por outro lado, no mundo onírico apolíneo da cena como esferas de expressão completamente apartadas. As aparições apolíneas, nas quais Dioniso se objetiva, não são mais "um eterno mar, um alternante tecer, um ardente viver"[96] como o é a música do coro, não são mais aquelas forças apenas sentidas, não condensadas em imagem, nas quais o entusiasmado servo de Dioniso

96. Goethe, *Fausto I*, "Noite", versos 505-507.

sente a proximidade do deus: agora lhe falam, a partir da cena, a clareza e a firmeza da forma épica, agora Dioniso não fala mais por meio de forças, mas, como herói épico, quase o faz com a linguagem de Homero.

9.

Tudo o que na parte apolínea da tragédia grega, no diálogo, se apresenta na superfície parece simples, transparente, belo. Nesse sentido, o diálogo é um retrato do heleno, cuja natureza se revela na dança, pois na dança a maior força é apenas potencial, mas se revela na flexibilidade e exuberância do movimento. Assim, a linguagem dos heróis sofoclianos nos surpreende por sua precisão e claridade apolíneas, de maneira que julgamos enxergar de imediato até o âmago mais íntimo de seu ser, com algum espanto pelo fato de o caminho até esse âmago ser tão curto. Se, porém, não considerarmos o caráter do herói que se apresenta na superfície e se torna visível – que, no fundo, nada mais é senão a imagem luminosa projetada numa parede escura, isto é, fenômeno de ponta a ponta –, se penetrarmos, antes, no mito que se projeta nesses claros reflexos, então vivenciamos repentinamente um fenômeno que tem relação inversa com um conhecido fenômeno óptico. Se, numa enérgica tentativa de encarar o sol, afastamos o olhar, ofuscados, ficamos diante dos olhos com manchas escuras e coloridas que fazem as vezes de remédio, por assim dizer: inversamente, aquelas aparições de imagens luminosas do herói sofocliano – numa palavra, o apolíneo da máscara

– são produtos necessários de um olhar lançado ao íntimo e ao terrível da natureza, manchas luminosas, por assim dizer, destinadas à cura do olhar lesado pela noite apavorante. Apenas nesse sentido estamos autorizados a acreditar que apreendemos corretamente o conceito sério e significativo da "serenidade grega"; ao passo que, não obstante, encontramos o conceito erroneamente compreendido dessa serenidade, no estado de um deleite sem perigo, em todos os rodeios e atalhos da atualidade.

O mais sofredor personagem do palco grego, o desditoso *Édipo*, foi compreendido por Sófocles como o homem nobre que está destinado ao erro e à desgraça apesar de sua sabedoria, mas que no fim, em virtude de seu imenso sofrimento, exerce em torno de si uma força mágica e benéfica que ainda continua a agir após sua morte. O homem nobre não peca, quer nos dizer o profundo poeta: toda lei, toda ordem natural e inclusive o mundo moral poderão sucumbir devido a seu agir; precisamente devido a esse agir é traçado um círculo mágico mais alto de influências que fundam um novo mundo sobre as ruínas do velho e desmoronado. Isto é o que o poeta, na medida em que é ao mesmo tempo pensador religioso, quer nos dizer: como poeta, ele nos mostra de início um nó processual magnificamente atado, que o juiz desata lentamente, laço após laço, para sua própria ruína; a alegria genuinamente helênica com esse desenlace dialético[97] é tão grande que, em virtude disso, advém

97. Referente à dialética, a arte de discutir por perguntas e respostas.

um traço de jovialidade superior sobre toda a obra que, em toda parte, quebra o aguilhão dos pressupostos horripilantes daquele processo. Em *Édipo em Colono* encontramos essa mesma jovialidade, mas elevada em uma infinita transfiguração; diante do ancião atingido pela massa desmedida da desgraça, que, a tudo o que lhe diz respeito, está abandonado puramente como *sofredor* – encontra-se a jovialidade sobrenatural que desce da esfera divina e nos dá a entender que o herói, em seu comportamento puramente passivo, atinge sua máxima atividade, que vai muito além de sua vida, ao passo que seu cogitar e ansiar conscientes na vida anterior apenas o levaram à passividade. Assim, o nó processual da fábula de Édipo, insoluvelmente emaranhado para o olho mortal, desenreda-se devagar[98] – e a mais profunda alegria humana nos sobrevém com essa contrapartida divina da dialética. Se com essa explicação fizemos justiça ao poeta, ainda se pode perguntar, no entanto, se com isso se esgota o conteúdo do mito: e aqui se mostra que a inteira concepção do poeta nada é senão precisamente aquela imagem luminosa que a natureza curativa segura diante de nós após lançarmos um olhar ao abismo. Édipo, o assassino de seu pai, o marido de sua mãe, Édipo, o solucionador do enigma da esfinge! O que nos diz a misteriosa tríade desses feitos fatídicos? Há uma crença popular antiquíssima, em especial na Pérsia, segundo a qual um mago sábio apenas pode nascer do incesto: o que nós, com vista a Édipo, o solucionador de enigmas e desposador de

98. Segundo Aristóteles, fazem parte de toda tragédia tanto o atar quanto o desatar de um nó; ver *Poética*, 1455 b 24.

sua mãe, temos logo de interpretar afirmando que lá onde se quebrou por meio de forças proféticas e mágicas o encanto do presente e do futuro, a rígida lei da individuação, e, sobretudo, a verdadeira magia da natureza, deve ter havido antes, como causa, uma enorme antinatureza – como, naquele caso, o incesto –; pois como se poderia forçar a natureza a revelar seus segredos senão ao resistir-lhe vitoriosamente, isto é, por meio do inatural? Vejo esse conhecimento evidenciado naquela horrível tríade dos destinos de Édipo: o mesmo que resolve o enigma da natureza – aquela esfinge de duplo feitio – também precisa, como assassino do pai e marido da mãe, infringir as prescrições mais sagradas da natureza. Parece inclusive que o mito quer nos sugerir que a sabedoria, e precisamente a sabedoria dionisíaca, é um horror antinatural, que aquele que, por seu saber, precipita a natureza no abismo da aniquilação também tem de experimentar em si mesmo a desagregação da natureza. "O aguilhão da sabedoria volta-se contra o sábio: a sabedoria é um crime contra a natureza": tais terríveis sentenças brada-nos o mito: o poeta helênico, porém, toca como um raio de sol a sublime e terrível coluna de Mêmnon[99] do mito, de maneira

99. Estátua de Mêmnon – filho de Titono e Eos (Aurora), rei mitológico dos etíopes, morto por Aquiles –, da qual se dizia produzir sons musicais quando tocada pela luz da aurora. É um motivo recorrente na literatura do século XIX, aparecendo, por exemplo, no romance *Ahnung und Gegenwart* [Pressentimento e presença], do alemão Joseph von Eichendorff, e no 13º canto do poema *Don Juan*, de Lord Byron; também ocorre em Schopenhauer, que, (cont.)

que este de súbito começa a ressoar – com melodias sofoclianas!

À glória da passividade contraponho agora a glória da atividade, circum-iluminada pelo *Prometeu*, de Ésquilo. O que aí nos tinha a dizer o pensador Ésquilo, mas que como poeta ele apenas nos deixa presumir por meio de sua imagem alegórica, o jovem Goethe soube nos revelar nas audaciosas palavras de seu "Prometeu":

> Sentado aqui, modelo homens
> À minha imagem,
> Uma estirpe que a mim se assemelhe,
> Para sofrer, para chorar,
> Para usufruir e para alegrar-se,
> E a ti não respeitar,
> Como eu![100]

(cont.) referindo-se à capacidade de algumas pessoas para estabelecer novas relações, fazer descobertas etc. a partir do já conhecido por todos, diz: "[...] o sol brilhava sobre todas as colunas, mas só a de Mêmnon soava" (*O mundo como vontade e representação*, v. 2, cap. 3, "Sobre os sentidos"). Do ponto de vista histórico, há relação com uma estátua do rei egípcio Amenófis III (1403-1364 a.C.), que, após ser danificada por um terremoto em 27 a.C., passou a vibrar e emitir sons quando aquecida pelo sol.

100. Sétima e última estrofe do poema (versos 51-7), composto no período de "Tempestade e ímpeto" de Goethe; do início ao fim, é uma fala do titã Prometeu dirigindo-se a Zeus. Os mesmos versos, ligeiramente modificados, também foram usados por Goethe na peça *Prometeu*, fragmento dramático em dois atos.

Elevando-se ao âmbito do titânico, o ser humano conquista com luta sua cultura e obriga os deuses a se aliarem a ele, pois, com sua sabedoria mais própria, tem nas mãos a existência e os limites deles. O que há de mais magnífico nesse poema sobre Prometeu, que, segundo seu pensamento fundamental, é o autêntico hino da irreligiosidade, é, contudo, o profundo traço esquiliano de *justiça*: o sofrimento imensurável do ousado "indivíduo", de um lado, e a miséria divina, inclusive o pressentimento de um crepúsculo dos deuses,[101] do outro lado, o poder desses dois mundos de sofrimento que os compele à reconciliação, à unidade metafísica – tudo isso lembra da mais forte maneira o ponto central e a tese capital da consideração esquiliana do mundo, que vê a Moira[102] reinando como eterna justiça sobre deuses e homens. Diante da espantosa ousadia com que Ésquilo põe o mundo olímpico nos pratos de sua balança da justiça, precisamos ter presente que o grego profundo tinha em seus mistérios um fundamento inabalavelmente firme de pensamento metafísico, e que todos os seus acessos céticos podiam se descarregar sobre os olimpianos. O artista grego, em especial, tinha em relação a essas

---

101. Alusão ao fim do mundo na mitologia germânica, em que também morrem os deuses, e, em especial, à última parte da tetralogia wagneriana *O anel dos nibelungos*, que retoma esse mito.

102. Personificação do destino, que Ésquilo apresenta como equilíbrio reconciliador de opostos, como justiça que sobre todos reina. Tal, no entanto, ainda não encontra aplicação em *Prometeu acorrentado*, e, quanto às outras peças da trilogia de Prometeu, restaram apenas fragmentos.

divindades um obscuro sentimento de dependência mútua: e esse sentimento é simbolizado precisamente no Prometeu de Ésquilo. O artista titânico encontrou em si a crença altiva de poder criar seres humanos e de pelo menos aniquilar deuses olímpicos: e isso graças à sua sabedoria superior, que, não obstante, foi obrigado a expiar com seu sofrimento eterno. A magnífica "capacidade"[103] do grande gênio, que mesmo custando o sofrimento eterno não foi cara demais, o áspero orgulho do *artista* – tais são o conteúdo e a alma da criação esquiliana, ao passo que Sófocles, em seu Édipo, entoa, à maneira de prelúdio, a canção de vitória do *santo*.[104] Porém, mesmo com essa interpretação dada por Ésquilo ao mito, não temos as medidas de sua assombrosa profundidade de horror: o prazer do artista com o devir,[105] a jovialidade do criar artístico, que desafia toda desgraça, são, antes, apenas uma esparsa imagem de nuvens e de céu a se refletir num negro lago de tristeza. A lenda de Prometeu é uma propriedade original de todos os povos arianos e um documento de sua aptidão para o trágico-profundo, não sendo nada improvável, inclusive, que seja inerente a esse mito, para a essência ariana, a mesmíssima

103. Em alemão, *Können*, termo etimologicamente afim a *Künstler*, "artista".

104. Nietzsche refere-se a *Édipo em colono*. A ênfase dada ao artista e ao santo alude a Schopenhauer, que vê no prazer desinteressado com a arte, por um lado, e na superação do mundo pelo santo, por outro, a libertação da esfera da "vontade".

105. Ver Goethe, *Fausto I*, "Noite", versos 789-790: "Ele, no prazer com o devir, / Da alegria criadora se aproxima".

significação característica que tem o mito do pecado original para a essência semita, e que entre ambos os mitos exista um grau de parentesco como o de irmão e irmã.[106] O pressuposto desse mito de Prometeu é o valor exagerado que uma humanidade ingênua atribui ao *fogo* como o verdadeiro paládio[107] de toda cultura ascendente: porém, o fato de o ser humano dispor livremente do fogo, e não apenas recebê-lo por uma dádiva dos céus sob a forma de raio que inflama ou calor do sol que aquece, parecia àqueles contempla-

---

106. Denominavam-se "arianos" os imigrantes que, por volta de 2000 a.C., conquistaram a região do rio Indo, na Índia. O termo foi provavelmente introduzido no idioma alemão por Johann Friedrich Kleuker ao traduzir e editar, entre 1776-81, o *Zend-Avesta* do orientalista A. H. Anquetil--Duperron. Em 1857, o filólogo Friedrich Gottlieb Welcker escreveu na introdução da obra *Griechische Götterlehre* [Mitologia grega] sobre a "família linguística ariana ou indo-gêrmanica", fazendo também a contraposição entre os mitos de Prometeu, supostamente ariano, e do pecado original, chamado de "hebraico". Com o *Essai sur l'inégalité des races humaines* [Ensaio sobre a desigualdade das raças humanas] (1853-55), de Joseph Arthur Gobineau, a contraposição ariano/semita deixa o âmbito linguístico para adentrar o âmbito da ideologia de raças, com a ênfase nas qualidades da raça ariana e a desqualificação da raça semita, o que também deixa marcas na obra de Nietzsche (ver adiante, neste mesmo capítulo). Mais tarde, Nietzsche adotou um ponto de vista antirracista, como testemunha esta anotação de 1885-86: "*Nota bene*. Contra ariano e semita. Onde as raças estão misturadas, a fonte da grande cultura".

107. Salvaguarda, proteção. Era o nome da estátua da deusa Palas Atena, venerada em Troia, à qual se confiava a proteção da cidade.

tivos humanos primordiais um sacrilégio, um roubo cometido em prejuízo da natureza divina. E, assim, o primeiro problema filosófico logo coloca uma penosa e insolúvel contradição entre homem e deus, deslocando-a qual um bloco de rocha até os portões de cada cultura. O melhor e o mais alto de que a humanidade pode tomar parte é por ela conquistado mediante um sacrilégio e ela tem de arcar com as consequências, a saber, toda a torrente de sofrimentos e aflições com que os ofendidos seres celestiais – tem de atormentar o gênero humano,[108] que aspira nobremente por ascender: um pensamento áspero, que, devido à *dignidade* que confere ao sacrilégio, contrasta singularmente com o mito semita do pecado original, no qual a curiosidade, a impostura mentirosa, a seduzibilidade, a lascívia, em suma, uma série de afecções eminentemente feminis, são vistas como a origem do mal. O que distingue a noção ariana é a sublime perspectiva do *pecado ativo* como sendo a virtude genuinamente prometeica: com a qual se encontrou ao mesmo tempo o fundamento ético da tragédia pessimista como a *justificação* do mal humano, e, mais exatamente, tanto da culpa humana quanto do sofrimento dela decorrente. O infortúnio na essência das coisas – que o contemplativo ariano não é inclinado a eliminar com tergiversações –, a contradição no coração do mundo, revelam-se a ele como uma confusão de diferentes

108. Alusão ao mito de Pandora, enviada pelos deuses aos humanos com uma caixa cheia de males como punição pelo roubo do fogo. Ver Hesíodo, *Os trabalhos e os dias*, versos 47-105.

mundos, um mundo divino e um humano, por exemplo, cada um dos quais, como indivíduo, tem razão, mas que, como mundo individual ao lado de outro, tem de sofrer por sua individuação. No ímpeto heroico do indivíduo ao universal, na tentativa de ultrapassar a linha encantatória da individuação e de querer ser ele próprio o *único* ser universal, ele padece em si a contradição primordial oculta nas coisas, isto é, ele comete sacrilégio e sofre. É assim que os arianos compreendem o sacrilégio como sendo homem e os semitas compreendem o pecado como sendo mulher, da mesma forma que o sacrilégio primordial é cometido pelo homem, e o pecado primordial, pela mulher. De resto, diz o coro das bruxas:

> Tão a sério não convém tal levar:
> A mulher o faz ao mil passos dar;
> Mas, sem que importe sua ligeireza,
> O homem o faz com mais presteza.[109]

Quem compreende esse cerne mais íntimo da lenda de Prometeu – a saber, a necessidade do sacrilégio que se impõe ao indivíduo de aspirações titanescas – também precisa sentir ao mesmo tempo o não apolíneo dessa representação pessimista; pois Apolo quer aquietar os seres individuais precisamente ao traçar linhas fronteiriças entre eles e recordá-las vez após vez, com suas exigências de autoconhecimento e de moderação, como as leis universais mais sagradas. Porém, para que essa tendência apolínea

109. Goethe, *Fausto I*, "Noite de Valpúrgis", versos 3982-85.

não leve a forma a se paralisar com rigidez e frieza egípcias, para que o esforço de prescrever a cada onda seu curso e seu campo não extinga o movimento do lago inteiro, a maré alta do dionisíaco destruía de tempos em tempos todos esses pequenos círculos em que a "vontade" unilateralmente apolínea buscava encarcerar a helenidade.[110] Essa maré do dionisíaco, avolumando-se subitamente, toma então sobre suas costas cada uma das pequenas ondas dos indivíduos, tal como o irmão de Prometeu, o titã Atlas, o faz com a Terra. Esse ímpeto titânico de tornar-se o Atlas, por assim dizer, de todos os indivíduos e carregá-los com largas espáduas cada vez mais alto, cada vez mais longe, é o elemento comum entre o prometeico e o dionisíaco. Sob essa perspectiva, o Prometeu esquiliano é uma máscara dionisíaca, ao passo que naquele profundo traço de justiça, antes mencionado, Ésquilo revela ao espírito sagaz o fato de descender, por linha paterna, de Apolo, o deus da individuação e das fronteiras da justiça. E, assim, o duplo feitio do Prometeu esquiliano, sua natureza simultaneamente dionisíaca e apolínea, pode ser expressa numa fórmula conceitual desta maneira: "Todo o existente é justo e injusto, e, em ambos, igualmente justificado".[111]

---

110. *Hellenenthum*, formação análoga a *Griechenthum* (ver nota 8).

111. Formulação que se apoia na doutrina de Heráclito sobre a unidade dos opostos, especialmente no fragmento 22 B 102 (Diels-Kranz): "Para o deus tudo é belo e bom e justo, mas os homens tomaram uma coisa como injusta e a outra como justa".

Isto é teu mundo! Isto se chama um mundo![112] –

10.

É uma tradição incontestável o fato de a tragédia grega, em sua configuração mais antiga, ter como objeto apenas os sofrimentos de Dioniso e de, por longo tempo, o único herói presente no palco ser precisamente Dioniso. Porém, pode-se afirmar com a mesma segurança que jamais, até Eurípides, Dioniso cessou de ser o herói trágico, mas que todas as célebres figuras do palco grego – Prometeu, Édipo etc. – são apenas máscaras daquele herói original, Dioniso. O fato de por trás de todas essas máscaras haver uma divindade é a única razão essencial da "idealidade" típica, tantas vezes admirada, dessas célebres figuras. Não sei quem afirmou que todos os indivíduos são cômicos como indivíduos e, por isso, não trágicos:[113] donde se poderia depreender que os gregos absoluta-

---

112. Goethe, *Fausto I*, "Noite", verso 409 (Fausto a lamentar-se de sua restrita vida de estudioso).

113. Schopenhauer, *O mundo como vontade e representação*, v. 1, livro 4, § 58: "A vida de cada indivíduo, se a abarcarmos no todo e no geral, destacando apenas os traços mais significativos, é na verdade sempre uma tragédia; mas, se a percorrermos em pormenor, ela tem o caráter de uma comédia. Pois a agitação e o aborrecimento do dia, a incansável zombaria do instante, o desejar e o temer da semana, os acidentes de cada hora causados pelo acaso, sempre pensando em traquinagens, são puras cenas de comédia".

mente não *conseguiam* suportar indivíduos no palco trágico. De fato, eles parecem ter sentido desse modo: como, afinal, aquela distinção e aquela valoração platônicas da "ideia" em oposição ao "ídolo", à cópia, se encontram profundamente fundadas na natureza helênica. No entanto, para nos servirmos da terminologia de Platão, poderíamos dizer mais ou menos o seguinte sobre os personagens trágicos do palco helênico: o único Dioniso verdadeiramente real aparece numa multiplicidade de formas,[114] com a máscara de um herói em luta e, por assim dizer, emaranhado na rede da vontade individual. Tal como agora fala e age o deus que aparece, ele se assemelha a um indivíduo desnorteado, anelante e sofredor: e o fato de realmente *aparecer* com essa precisão e clareza épicas é o efeito do intérprete de sonhos Apolo, que interpreta para o coro seu estado dionisíaco mediante essa aparição alegórica. Mas, na verdade, aquele herói é o sofredor Dioniso dos mistérios, aquele deus que experimenta em si os sofrimentos da individuação, do qual prodigiosos mitos relatam como foi despedaçado quando menino pelos titãs e então reverenciado nesse estado como Zagreu:[115] o que indica que esse despedaçamento, o *sofrimento* propriamente dionisíaco, seria idên-

114. Para Platão, apenas as "ideias" são ontologicamente reais e únicas, ao passo que as cópias (ou ε□δωλα, "ídolos") não têm existência autônoma e são múltiplas.

115. O cerne do mito de Dioniso Zagreu afirma que Hera, a ciumenta esposa de Zeus, incitou os titãs a despedaçar o pequeno Dioniso, mas que este recuperou sua forma graças a Apolo ou a Atena.

tico a uma transformação em ar, água, terra e fogo,[116] que deveríamos considerar o estado da individuação, portanto, como a fonte e a causa primordial de todo sofrimento, como algo condenável em si. Do sorriso desse Dioniso surgiram os deuses olímpicos; de suas lágrimas, os seres humanos.[117] Naquela existência como deus despedaçado, Dioniso tem a natureza dupla de um demônio cruel e embrutecido[118] e de um soberano clemente e brando. Mas a esperança dos epoptas[119] dirigia-se a um renascimento de Dioniso, renascimento que agora, cheios de pressentimentos, temos de compreender como o final da individuação: para esse terceiro e vindouro Dioniso ressoava o estrondoso canto de júbilo dos epoptas. E apenas nessa

---

116. Plutarco (c. 45-125) relaciona o mito do despedaçamento de Dioniso Zagreu com as categorias de unidade e multiplicidade. No texto *Sobre o E em Delfos*, ele afirma que o deus se divide e se transforma "em vento e água, terra e astros e nas espécies de plantas e animais".

117. A fonte para essa afirmação são dois versos de um poema órfico citado pelo neoplatônico Proclo (c. 411-485) em seu comentário à *República*, de Platão. Embora os mistérios dionisíacos tivessem relação com o orfismo (seita filosófico-religiosa grega do século VII a.C. cujo núcleo místico era a ideia da transmigração das almas), não há menção ao nome de Dioniso.

118. A fonte dessa caracterização é Plutarco, que na biografia do estadista e general ateniense Temístocles relata que este, antes da batalha de Salamina (em 480 a.C., contra os persas), sacrificou três jovens a Dioniso Zagreu por orientação de um adivinho como forma de garantir a vitória.

119. Ou "contemplador" (dos mistérios); é o mais alto grau de iniciação.

esperança há um raio de alegria na face do mundo dilacerado, destroçado em indivíduos: como ilustra o mito com Deméter, mergulhada em luto eterno, que só volta a se *alegrar* quando lhe dizem que pode dar à luz a Dioniso *mais uma vez*.[120] Nas concepções citadas já temos, reunidos, todos os componentes de uma consideração profunda e pessimista do mundo e, ao mesmo tempo, *a doutrina dos mistérios da tragédia*: o conhecimento fundamental da unidade de todo o existente, a consideração da individuação como a causa primária do mal, a arte como a alegre esperança de que o feitiço da individuação possa ser quebrado, como o pressentimento de uma unidade restabelecida. –

Indicou-se anteriormente que a epopeia homérica é a poesia da cultura olímpica, com a qual esta cantou sua própria canção de vitória sobre os pavores da titanomaquia. Agora, sob a influência imensamente poderosa da poesia trágica, os mitos homéricos renascem e, nessa metempsicose, mostram que nesse meio-tempo também a cultura olímpica foi vencida por uma consideração ainda mais profunda do mundo. O altivo titã Prometeu anunciou a seu atormentador olímpico que, um dia, o domínio deste correria extremo perigo caso não se aliasse a ele no devido tempo. Em Ésquilo, discernimos a aliança

120. O nascimento de um terceiro Dioniso tem apoio num fragmento órfico; segundo este, Dioniso nasceu três vezes: de sua mãe, Sêmele, da coxa de Zeus e, após o despedaçamento pelos titãs, de Reia, a deusa da terra, equiparada a Deméter, a deusa da fertilidade (Ceres, para os romanos).

do apavorado Zeus, temendo seu fim, com o titã.[121] Assim, a antiga era dos titãs é mais tarde trazida outra vez à luz das profundezas do Tártaro. A filosofia da natureza selvagem e nua encara os mitos do mundo homérico, que passam dançando diante dela, com a fisionomia franca da verdade: eles empalidecem, eles tremem diante do olhar fulminante dessa deusa – até que o punho poderoso do artista dionisíaco os obriga a servir a nova divindade. A verdade dionisíaca adota o âmbito inteiro do mito como simbolismo dos *seus* conhecimentos e os expressa em parte no culto público da tragédia, em parte nas celebrações secretas das festas dramáticas dos mistérios, mas sempre sob a antiga capa mítica. Que força foi essa que libertou Prometeu de seus abutres e transformou o mito em veículo da sabedoria dionisíaca? A força hercúlea da música: que, atingindo sua manifestação suprema na tragédia, sabe interpretar o mito com nova e profundíssima significação; tal como anteriormente já tínhamos de caracterizar isso como a capacidade mais poderosa da música. Pois é o destino de todo mito arrastar-se pouco a pouco para dentro da estreiteza de uma realidade supostamente histórica e ser tratado por alguma época posterior como fato único com

---

121. Isto é, Prometeu. Em *Prometeu acorrentado* (única parte integralmente conservada da trilogia esquiliana de Prometeu), o titã profetiza que Zeus abrandará sua ira contra ele e estará disposto a ser seu aliado e amigo. Dos fragmentos de *Prometeu libertado* deduz-se que os titãs libertados do Inferno (Tártaro) formam o coro e que Hércules abate com uma seta a águia (ou abutre) que devorava o fígado de Prometeu.

pretensões históricas: e os gregos já estavam plenamente a caminho de recunhar todo o seu mítico sonho de juventude, com argúcia e arbitrariedade, em uma *historieta de juventude* histórico-pragmática. Pois este é o modo como as religiões costumam morrer: a saber, quando os pressupostos míticos de uma religião são sistematizados sob os olhos rigorosos e racionais de um dogmatismo ortodoxo como uma soma acabada de eventos históricos e se começa a defender receosamente a fidedignidade dos mitos, mas opor-se a toda continuação natural de sua vida e de sua proliferação; quando, portanto, morre a sensibilidade para o mito e entra em seu lugar a pretensão da religião a bases históricas. Esse mito moribundo foi tomado então pelo gênio recém-nascido da música dionisíaca: e, em sua mão, ele floresceu mais uma vez, com cores que nunca ostentara, com um aroma que excitou um anelante pressentimento de um mundo metafísico. Após esse último lampejo, ele sucumbe, suas pétalas murcham e logo os Lucianos[122] zombeteiros da Antiguidade tentam apanhar suas flores descoloridas, devastadas e carregadas por todos os ventos. Graças à tragédia, o mito chega ao seu conteúdo mais profundo, à sua forma mais expressiva; ele se ergue mais uma vez, como um herói ferido, e todo o excedente de força, junto com a tranquilidade

---

122. Luciano de Samósata (c. 120-180): satirista grego, parodiou os mitos de modo espirituoso. Um exemplo disso é dado nos *Diálogos dos deuses*, em que Luciano satiriza, entre outras coisas, a bizarra história do nascimento de Dioniso da coxa de Zeus.

cheia de sabedoria do moribundo, arde em seus olhos com derradeiro e poderoso brilho.

O que querias, sacrílego Eurípides, quando buscaste forçar esse moribundo a trabalhar mais uma vez para ti como escravo? Ele faleceu sob tuas mãos violentas: e então precisavas de um mito arremedado, mascarado, que, como o macaco de Hércules,[123] apenas soubesse enfeitar-se com o antigo esplendor. E assim como o mito morreu para ti, também morreu para ti o gênio da música: por mais que tenhas saqueado com garras vorazes todos os jardins da música,[124] só conseguiste uma música arremedada e mascarada. E porque abandonaste Dioniso, também te abandonou Apolo; podes fazer sair de seus covis todas as paixões e aprisioná-las magicamente em teu círculo,[125] aguçar e limar para ti uma dialética sofística para as falas de teus heróis – mesmo teus heróis têm apenas paixões imitadas e mascaradas e pronunciam apenas falas imitadas e mascaradas.

---

123. Expressão proverbial com o sentido de "disfarçar-se fanfarronamente" e que alude à pele de leão vestida por Hércules. Em um de seus textos, Luciano refere-se a esse provérbio ao afirmar que os verdadeiros filósofos estão para os falsos assim como Hércules está para um macaco que se veste com a pele de leão do semideus.

124. As canções corais das tragédias de Eurípides eram famosas por sua riqueza melódica.

125. Eurípides apresenta em várias de suas tragédias o desencadeamento de paixões elementares, como em *Medeia*, *Hipólito* e *As bacantes*.

11.

A tragédia grega sucumbiu de maneira diferente de todos os outros gêneros artísticos mais velhos, irmãos dela: ela morreu por suicídio, em decorrência de um conflito insolúvel, ou seja, tragicamente, ao passo que todos aqueles faleceram em idade avançada da mais bela e mais tranquila morte. Pois se é condizente com um feliz estado natural deixar a vida com uma bela descendência e sem convulsões, o fim daqueles gêneros artísticos mais velhos nos mostra um feliz estado natural semelhante: eles afundam devagar, e diante de seus olhares fenecentes já se encontram os mais belos rebentos, estendendo a cabeça impacientemente, com gestos corajosos. Com a morte da tragédia grega, em contrapartida, surgiu um vazio imenso, sentido profundamente por toda parte; tal como certa vez marinheiros gregos, na época de Tibério,[126] ouviram numa ilha deserta o grito perturbador "o grande Pã está morto",[127] assim ressoava agora, como um doloroso som de queixa, através do mundo helênico: "A tragédia está morta! A própria poesia se perdeu com ela! Fora, fora com vós, atrofiados e esquálidos

---

126. Imperador romano de 14 a 37.

127. A morte de Pã (deus dos bosques e dos pastores, representado com chifres, cauda e pés de bode) teria sido a causa do declínio dos oráculos, segundo um dos participantes de um diálogo no escrito *Sobre a decadência dos oráculos*, de Plutarco. Segundo esse autor, navegantes teriam ouvido na costa grega uma voz misteriosa que incumbiu o timoneiro de anunciar em determinado lugar que "o grande Pã está morto"; ele cumpriu a incumbência e a notícia foi recebida com brados lamentosos.

epígonos![128] Ide para o Hades, a fim de lá vos saciardes com as migalhas dos mestres de outrora!".

No entanto, quando floresceu um novo gênero artístico que reverenciava na tragédia sua predecessora e mestra, percebeu-se com espanto que ele de fato ostentava os traços da mãe, mas que eram os mesmos que ela mostrara em sua longa luta com a morte.[129] Essa luta da tragédia com a morte foi lutada por *Eurípides*; esse gênero artístico posterior é conhecido como *nova comédia ática*. Nela continuou a viver a forma degenerada da tragédia, como monumento à sua morte sobremaneira penosa e violenta.

Nesse contexto, compreende-se a afeição apaixonada que os poetas da nova comédia sentiam por Eurípides; de modo que não causa estranheza o desejo de Filêmon,[130] que se deixaria enforcar imediatamente apenas a fim de poder procurar Eurípides nos infernos: desde que se convencesse de que o falecido ainda estava em seu perfeito juízo. Porém, caso se queira caracterizar de modo sumaríssimo, e sem a pretensão

---

128. O epigonismo foi um dos grandes temas, verdadeira obsessão, do século XIX. O primeiro a abordá-lo na literatura alemã foi o escritor Karl Immermann (1796-1840), em seu romance *Die Epigonen* [Os epígonos], de 1836.

129. "Luta com a morte" traduz literalmente o termo alemão *Todeskampf*, "agonia".

130. Ao lado de Menandro (342-291 a.C.), Filêmon (c. 361-262 a.C.) foi um dos principais representantes da chamada nova comédia. O desejo que Nietzsche atribui a Filêmon é na verdade expressado por um de seus personagens, que afirma simplesmente que se os mortos ainda tivessem sensações ele se enforcaria para ver Eurípides.

de dizer algo exaustivo, o que Eurípides tem em comum com Menandro e Filêmon e o que agia de modo tão estimulantemente modelar para estes, basta dizer que *o espectador* foi levado ao palco por Eurípides.[131] Quem tenha discernido de que material os trágicos prometeicos anteriores a Eurípides modelaram seus heróis[132] e quão longe deles estava o propósito de levar ao palco a máscara fiel da realidade, também terá clareza sobre a tendência inteiramente divergente de Eurípides. Graças a ele, o homem da vida cotidiana avançou das plateias até a cena; o espelho no qual antes obtinham expressão apenas traços grandes e ousados mostrava agora aquela fidelidade meticulosa que também reproduz conscienciosamente as linhas malogradas da natureza. Ulisses, o típico heleno da arte antiga, foi então degradado, nas mãos dos novos poetas, à categoria de gréculo,[133] passando a estar, como escravo doméstico ladino-bonacheirão, no centro do interesse dramático. O que Eurípides

---

131. Ponto de vista semelhante já fora defendido por A. W. Schlegel em suas *Vorlesungen über dramatische Kunst und Literatur* [Conferências sobre arte dramática e literatura], 1809.

132. No contexto da época de Nietzsche, o tema do herói ganhou relevância em duas obras que muito o impressionaram: *On Heroes, Hero-Worship, and the Heroic in History* [Sobre os heróis, a adoração dos heróis e o heroico na história], de Thomas Carlyle (1795-1881), e *Representative Men* [Homens representativos], de Ralph Waldo Emerson (1803-82).

133. Diminutivo de "grego", com conotação pejorativa ou irônica.

julga como mérito seu em *As rãs*, de Aristófanes – o fato de, com seus remédios caseiros, ter libertado a arte trágica de sua corpulência pomposa[134] –, pode ser notado sobretudo em seus heróis trágicos. No essencial, o espectador via e ouvia agora seu duplo no palco euripidiano, alegrando-se pelo fato de este saber falar tão bem. Mas essa alegria não foi tudo: com Eurípides, as pessoas aprendiam a falar, e ele mesmo se vangloria disso na disputa com Ésquilo: de como, graças a ele, o povo havia agora aprendido a observar, debater e extrair conclusões segundo as leis da arte e com as mais astutas sofisticações. Foi graças a essa reviravolta na linguagem pública, afinal, que ele tornou possível a nova comédia. Pois, a partir de então, não era mais segredo de que modo e com que sentenças a cotidianidade podia se representar no palco. A mediocridade dos cidadãos, na qual Eurípides depositava todas as suas esperanças políticas, ganhava uma chance de falar, depois que o caráter da linguagem fora determinado até então pelo semideus na tragédia e pelo sátiro embriagado ou pelo semi-homem na comédia.[135] E, assim, o Eurípides aristofanesco destaca em sua honra o modo como apresentou

134. Refere-se a uma fala de Eurípides numa disputa com Ésquilo, ambos transformados em personagens da comédia aristofanesca.

135. Sátiros e "semi-homens" eram, antes, personagens dos chamados dramas satíricos, epílogos divertidos e grotescos encenados após uma trilogia de tragédias; e, exceto por Prometeu e Hércules, não há outros semideuses nas peças conservadas de Ésquilo e Sófocles.

a vida e o agir comuns a todos, conhecidos de todos e cotidianos, sobre os quais qualquer um estaria habilitado a julgar. Se agora toda a massa filosofa, administra terras, bens e conduz processos com argúcia inaudita, tal seria seu mérito e o resultado da sabedoria por ele inoculada no povo.

A uma massa de tal modo preparada e esclarecida podia voltar-se então a nova comédia, para a qual Eurípides tornou-se, de certa forma, o regente de coro; só que desta vez era o coro dos espectadores que tinha de ser ensaiado. Tão logo este estava treinado a cantar na tonalidade euripidiana, emergiu aquele gênero de peça teatral com feitio de jogo de xadrez, a nova comédia com seu triunfo contínuo de esperteza e ardilosidade. Mas Eurípides – o regente de coro – era louvado sem cessar: as pessoas teriam inclusive se matado a fim de aprender ainda mais dele se não soubessem que os poetas trágicos estavam exatamente tão mortos quanto a tragédia. No entanto, com esta o heleno abandonara a crença na imortalidade, não apenas a crença num passado ideal, mas também a crença num futuro ideal. As palavras do conhecido epitáfio, "leviano e extravagante quando ancião",[136] também valem para a helenidade senil. O instante, o engenho, a leviandade e o capricho são suas divindades supremas; o quinto estado,[137] o do escravo, chega

136. De um epigrama de Goethe intitulado "*Grabschrift*" [Epitáfio].

137. Com essa designação, Nietzsche imagina uma classe ainda mais baixa socialmente do que os chamados terceiro e quarto estados. Era chamada de "terceiro estado" a (cont.)

agora ao poder, pelo menos quanto à mentalidade: e se agora ainda se pode realmente falar de "serenidade grega", então é a serenidade do escravo, que não sabe se responsabilizar por nada sério, aspirar a nada grande e nem estimar nada passado ou futuro mais do que o presente. Foi essa aparência de "serenidade grega" que tanto indignou as profundas e terríveis naturezas dos quatro primeiros séculos de cristianismo: essa fuga feminil para longe da seriedade e do pavor, esse covarde satisfazer-se com o gozo cômodo pareciam-lhes não apenas desprezíveis, mas como a mentalidade propriamente anticristã. E à influência desta é que cabe atribuir o fato de a concepção de Antiguidade grega que persistiu por séculos ter conservado com tenacidade quase insuperável aquela cor rosada de serenidade – como se nunca houvesse existido um sexto século, com o seu nascimento da tragédia, seus mistérios,[138] seus Pitágoras e Heráclito,

---

(cont.) burguesia na época da Revolução Francesa (sendo o primeiro e o segundo, respectivamente, a nobreza e o clero); "quarto estado", por sua vez, era a designação dada ao proletariado moderno em fins do século XIX. A avaliação sempre desdenhosa dada por Nietzsche ao escravo anda lado a lado com a ênfase na necessidade da escravidão, conforme testemunham vários textos e fragmentos contemporâneos a *O nascimento da tragédia*. Nesse aspecto, Nietzsche diverge radicalmente de Schopenhauer, para quem a existência da escravidão era uma infâmia para a humanidade inteira (ver, por exemplo, *Parergos e paralipômenos*, v. 2, "Sobre a ética", § 114).

138. Na verdade, mistérios e religiões de mistérios estiveram presentes em quase todo o Mediterrâneo até bem depois do século VI a.C.

como se inclusive as obras de arte da grande época absolutamente não existissem, obras que, no entanto – cada uma por si –, de forma alguma podem ser explicadas a partir do terreno de um prazer de existir e de uma serenidade senis e servis como esses, e que apontam, como fundamento de sua existência, para uma consideração do mundo completamente diversa.

Quando se afirmou há pouco que Eurípides levou o espectador ao palco para, ao mesmo tempo, verdadeiramente torná-lo apto a emitir juízos sobre o drama, surge a aparência de que a arte trágica mais antiga não foi além de uma desproporção em relação ao espectador: e se estaria tentado a louvar como um progresso frente a Sófocles a tendência radical de Eurípides a obter uma relação proporcional entre obra de arte e público. No entanto, "público" é apenas uma palavra e de modo algum uma grandeza homogênea e estável. Donde deve provir para o artista a obrigação de acomodar-se a uma força que tem sua intensidade apenas no número? E se ele, de acordo com seu talento e seus propósitos, se sente superior a cada um desses espectadores, como é que poderia sentir mais respeito pela expressão em comum de todas essas capacidades a ele subordinadas do que pelo espectador individual, de aptidão relativamente muito mais alta? Na verdade, nenhum artista grego tratou seu público com maior atrevimento e autossuficiência durante uma longa vida do que precisamente Eurípides: ele, que, mesmo quando a massa se jogou a seus pés, esbofeteou publicamente, em sublime desafio, sua própria tendência, a mesma tendência com que triunfara sobre a massa.[139] Se esse gênio tivesse tido o mais ínfimo respeito pelo pandemônio do público, teria sucumbido sob os golpes de clava de seus fracassos muito antes da metade de sua carreira. Com essa ponderação, vemos que nossa formulação de que Eurípides levou o espectador ao palco a fim de torná-lo verdadeiramente apto a emitir juízos era apenas uma formulação provisória e que temos de buscar uma compreensão mais profunda de sua tendência. Inversamente, é sabido por todos que Ésquilo e Sófocles estiveram, na época em que viveram e mesmo muito além dela, em plena posse da aprovação do povo,[140] que, portanto, no caso desses predecessores de Eurípides não se pode falar de modo algum de uma desproporção entre obra de arte e público. O que impulsionou esse artista, altamente talentoso e sem cessar impelido à criação, tão violentamente para fora do caminho sobre o qual brilhavam o sol dos maiores nomes de poetas e o céu sem nuvens da aprovação do povo? Que consideração

139. Durante as décadas em que participou da competição pública de tragediógrafos, Eurípides ganhou o primeiro prêmio apenas quatro vezes. Ao afirmar que o dramaturgo teria esbofeteado sua própria tendência (orientada ao esclarecimento e ao questionamento dos dogmas), Nietzsche segue uma interpretação, corrente no século XIX, segundo a qual a última peça de Eurípides, *As bacantes*, encenada apenas postumamente, teria sido uma retratação de seus pontos de vista anteriores.

140. Ésquilo levou catorze anos até obter sua primeira vitória; Sófocles, em contrapartida, ganhou o primeiro prêmio já em sua primeira encenação, tendo vencido, no total, dezoito vezes.

singular pelo espectador o conduziu ao embate com o espectador? Como é que devido a um respeito alto demais por seu público ele – desrespeitou seu público?

Como poeta, Eurípides por certo sentia-se – esta é a solução do enigma recém-apresentado – acima da massa, mas não acima de dois de seus espectadores: ele levou a massa ao palco; ele reverenciava esses dois espectadores como os únicos juízes e mestres competentes para julgar toda a sua arte: seguindo suas instruções e admoestações, transferiu para as almas de seus heróis do palco o inteiro mundo de sentimentos, paixões e experiências que até então surgiam nos bancos da plateia como coro invisível a cada encenação festiva; ele cedeu a suas exigências quando buscou para esses novos personagens também novas palavras e um novo tom; apenas em suas vozes ouvia os veredictos válidos sobre seu criar, assim como o encorajamento, que prometia vitórias, quando se via outra vez condenado pela justiça do público.

Destes dois espectadores, um deles é – o próprio Eurípides, Eurípides *como pensador*, não como poeta.[141] Dele se poderia dizer que se a extraordinária abundância de seu talento crítico, semelhantemente a Lessing,[142] não gerou um impulso secundário produtivamente artístico, então o fecundou de modo

---

141. Uma distinção também apresentada por A. W. Schlegel na oitava de suas *Vorlesungen über dramatische Kunst und Literatur* [Conferências sobre arte dramática e literatura], 1809.

142. Gotthold Ephraim Lessing (1729-1781): crítico teatral e dramaturgo de tendência iluminista.

contínuo. Com essa aptidão, com toda a claridade e agilidade de seu pensamento crítico, Eurípides sentou-se no teatro e esforçou-se para reconhecer, como em pinturas escurecidas, traço por traço, linha por linha das obras-primas de seus grandes predecessores. E aí lhe aconteceu o que não pode ser inesperado ao iniciado nos mistérios mais profundos da tragédia esquiliana: ele notou algo incomensurável em cada traço e em cada linha, uma certa definição ilusória e ao mesmo tempo uma profundidade enigmática, inclusive uma infinitude do segundo plano. A figura mais clara ainda tinha em si uma cauda de cometa que parecia apontar para o incerto, o inelucidável. A mesma penumbra se estendia sobre a construção do drama, em especial sobre o significado do coro. E quão duvidosa não foi para ele a solução dos problemas éticos! Quão questionável o tratamento dos mitos! Quão desigual a partilha de felicidade e infelicidade! Mesmo na linguagem da tragédia mais antiga muitas coisas lhe eram chocantes, pelo menos enigmáticas; em especial, achou pompa demais para condições simples, tropos[143] e monstruosidades demais para a simplicidade dos personagens. Assim estava ele sentado no teatro, cismando inquietamente, e ele, o espectador, confessou a si mesmo não compreender seus grandes predecessores. No entanto, como o entendimento era para ele a verdadeira raiz de todo gozar e todo criar, teve de perguntar e olhar em volta para ver se ninguém

143. Palavras empregadas em sentido figurado. Os tropos mais importantes são a metáfora, a alegoria, a hipérbole e a personificação.

pensava como ele e do mesmo modo confessava a si mesmo essa incomensurabilidade. Mas a multidão e, com ela, os melhores indivíduos tinham apenas um sorriso desconfiado para ele; e ninguém conseguiu lhe explicar por que afinal, frente a seus escrúpulos e suas objeções, os grandes mestres estariam com a razão. E nesse estado aflitivo ele encontrou *o outro espectador* que não compreendia a tragédia e, por isso, não a respeitava. Aliado a este, ele pôde atrever-se, a partir de seu isolamento, a começar a imensa luta contra as obras de arte de Ésquilo e Sófocles – não com escritos polêmicos, e sim como poeta dramático que contrapõe a *sua* ideia de tragédia à ideia tradicional. –

12.

Antes de chamarmos esse outro espectador pelo nome, demoremo-nos aqui um momento a fim de nos recordarmos daquela impressão, antes descrita, do discrepante e do incomensurável na essência da tragédia esquiliana. Lembremo-nos de nossa própria estranheza frente ao *coro* e ao *herói trágico* daquela tragédia, ambos os quais não sabíamos harmonizar com nossos hábitos nem tampouco com a tradição – até reencontrarmos aquela duplicidade mesma como origem e essência da tragédia grega, como a expressão de dois impulsos artísticos entretecidos, *o apolíneo e o dionisíaco*.

Cortar da tragédia esse elemento dionisíaco original e onipotente, edificando-a pura e nova sobre a arte, os costumes e a consideração do mundo não dionisíacos – esta é a tendência de Eurípides, que agora se revela a nós sob uma vívida luz.

No entardecer de sua vida, o próprio Eurípides apresentou a seus contemporâneos em um mito, da forma mais enfática, a questão do valor e do significado dessa tendência. O dionisíaco deve mesmo subsistir? Não caberá extirpá-lo com violência do solo helênico? Certamente, diz-nos o poeta, desde que fosse possível: mas o deus Dioniso é demasiado poderoso; o adversário mais sensato – como Penteu em *As bacantes* – é inesperadamente enfeitiçado por ele e, com esse feitiço, corre em seguida rumo à perdição. O juízo dos dois anciões, Cadmo e Tirésias, também parece ser o juízo do poeta ancião: a reflexão dos mais inteligentes indivíduos não joga por terra aquelas antigas tradições populares, aquela veneração de Dioniso a se propagar eternamente, sendo até conveniente mostrar em relação a tais forças prodigiosas pelo menos uma simpatia diplomaticamente cautelosa: o que não impede, porém, que o deus se escandalize com um interesse tão morno e por fim transforme o diplomata – como, neste caso, Cadmo – em um dragão. Isto nos diz um poeta que, com força heroica, resistiu a Dioniso[144] durante uma longa vida – para, no fim dela, encerrar sua carreira com uma glorificação de seu adversário e um suicídio,

144. O sentido é figurado: Dioniso é compreendido como representante do irracional. O "suicídio", mencionado logo em seguida, seria um suicídio intelectual, visto que a tragédia *As bacantes*, no entender de Nietzsche, seria uma retratação.

assemelhando-se a alguém acometido por tonturas que, apenas para escapar da medonha vertigem, que não consegue mais suportar, joga-se da torre. Aquela tragédia é um protesto contra a exequibilidade da tendência do autor; ah, mas ela já fora executada! O prodigioso sucedera: quando o poeta se retratou, sua tendência já havia vencido. Dioniso já fora afugentado do palco trágico, e, mais exatamente, por uma potência demoníaca que falava a partir do íntimo de Eurípides. Também Eurípides era em certo sentido apenas máscara: a divindade que falava a partir de seu íntimo não era Dioniso, tampouco Apolo, mas um demônio inteiramente recém-nascido chamado *Sócrates*. Esta é a nova antítese: o dionisíaco e o socrático, e a obra de arte da tragédia grega sucumbiu devido a ela. Por mais que Eurípides busque nos consolar com sua retratação, não é bem-sucedido nisso: o magnificentíssimo templo está em ruínas; de que nos adianta o lamento do destruidor e sua confissão de que se tratava do mais belo de todos os templos? E mesmo o fato de Eurípides, como punição, ter sido transformado num dragão pelos críticos de arte de todos os tempos[145] – a quem satisfaria essa miserável compensação?

Aproximemo-nos agora daquela tendência *socrática*, com a qual Eurípides combateu e venceu a tragédia esquiliana.

---

145. Embora tenha tido detratores (Aristófanes na Antiguidade e, em menor medida, A. W. Schlegel no século XIX), a obra de Eurípides foi sempre muito admirada. É o caso de Quintiliano (c. 30-c. 100) e, modernamente, de Wieland, Lessing e Goethe.

Que meta – eis o que temos de nos perguntar agora – poderia ter afinal, na máxima idealidade de sua execução, o propósito euripidiano de fundar o drama apenas sobre o não dionisíaco? Que forma de drama ainda restava que não fosse nascida do seio da música, naquela misteriosa penumbra do dionisíaco? Apenas *a epopeia dramatizada*: um âmbito artístico apolíneo em que o efeito *trágico* certamente é inatingível. Não importa, aí, o conteúdo dos eventos apresentados; gostaria inclusive de afirmar que teria sido impossível a Goethe, em sua projetada *Nausícaa*, tornar o suicídio desse ser idílico – que deveria preencher o quinto ato – tragicamente comovente;[146] tamanha é a força do épico-apolíneo que ele transforma magicamente diante de nossos olhos as coisas mais horrendas, com aquele prazer com a aparência e a salvação graças à aparência. O poeta da epopeia dramatizada pode se fundir completamente com suas imagens num grau tão escasso quanto o rapsodo épico: ele continua sendo contemplação placidamente imóvel, a olhar de olhos bem abertos, vendo as imagens *diante* de si. Nessa epopeia dramatizada, o ator continua sendo, bem no fundo, rapsodo; a solenidade do sonhar interior repousa sobre todas as suas ações, de modo que ele jamais é inteiramente ator.

Como a peça euripidiana se relaciona com esse ideal do drama apolíneo? Do modo como o rapsodo mais jovem, que descreve sua natureza da seguinte

---

146. Segundo o plano de Goethe, Nausícaa buscaria a morte nas ondas do mar ao ter sido rejeitada por Ulisses (*Viagem à Itália*, 8 de maio de 1787, acréscimo de 1816).

maneira no *Íon* platônico, se relaciona com o solene rapsodo dos velhos tempos: "Quando digo algo triste, meus olhos se enchem de lágrimas; mas se o que digo é terrível e pavoroso, os cabelos de minha cabeça se arrepiam e meu coração palpita".[147] Aqui nada mais notamos daquele épico perder-se na aparência, daquela frieza sem afetos do verdadeiro ator, que, precisamente em sua atividade suprema, é todo aparência e prazer com a aparência. Eurípides é o ator de coração palpitante, de cabelos arrepiados; ele esboça o plano como pensador socrático e o executa como ator apaixonado. Ele não é artista puro no esboçar nem no executar. Assim, o drama euripidiano é ao mesmo tempo uma coisa fria e ardente, igualmente capaz de enregelar e de queimar; é-lhe impossível atingir o efeito apolíneo da epopeia, ao passo que, por outro lado, livrou-se tanto quanto possível dos elementos dionisíacos, e agora, para produzir algum efeito, precisa de novos estimulantes, que não podem mais se achar dentro dos dois únicos impulsos artísticos, o apolíneo e o dionisíaco. Esses estimulantes são *pensamentos* frios e paradoxais – em lugar das visões apolíneas – e *afetos* ardentes – em lugar dos êxtases dionisíacos –, e, mais exatamente, pensamentos e afetos imitados de modo extremamente realista, de modo algum mergulhados no éter da arte.

---

147. Sócrates pergunta ao rapsodo Íon, no diálogo de mesmo nome, se ele faz sua apresentação com a consciência lúcida ou tomado pelo entusiasmo. A conversa revela que Íon se importa apenas com o efeito; ele não tem um saber claro nem é inspirado e autêntico, mas apenas afetado.

Se, dessa forma, reconhecemos que Eurípides absolutamente não conseguiu fundar o drama apenas no apolíneo, que, antes, sua tendência não dionisíaca se desencaminhou numa tendência naturalista e inartística, já poderemos agora nos aproximar mais da essência do *socratismo estético*, cuja lei suprema diz mais ou menos o seguinte: "tudo precisa ser inteligível[148] para ser belo"; o que é uma proposição paralela ao socrático "apenas o entendido é virtuoso". Com esse cânone na mão, Eurípides mediu todos os elementos individuais e os retificou conforme esse princípio: a linguagem, os personagens, a estrutura dramatúrgica, a música coral. O que nós, na comparação com a tragédia sofocliana, com tanta frequência costumamos atribuir a Eurípides como deficiência e retrocesso poéticos, é, em sua maior parte, o produto daquele processo crítico penetrante, daquela atrevida inteligibilidade. O *prólogo* euripidiano pode servir-nos de exemplo para a produtividade desse método racionalista. Nada pode despertar mais a relutância de nossa cenotécnica do que o prólogo no drama de Eurípides. O fato de um único personagem entrar em cena no início da peça e relatar quem é, o que precede a ação, o que aconteceu até então e inclusive o que acontecerá no decorrer da peça, isso é algo que um dramaturgo moderno qualificaria de uma renúncia intencional e imperdoável ao efeito da tensão. Sabe-se de tudo o que acontecerá; quem irá querer esperar

148. Isto é, apreensível pela inteligência, pela razão, e não pelos sentidos. "Entendido", pouco depois, traduz *Wissende*, "o que sabe", "sabedor" ou, misticamente, "iniciado".

que realmente aconteça? Afinal, não há aqui de modo algum a relação emocionante de um sonho profético com uma realidade que mais tarde ocorre. Eurípides refletiu de modo completamente diferente. O efeito da tragédia jamais repousaria sobre a tensão épica, sobre a incitante incerteza a respeito do que acontecerá agora e depois: repousaria, isto sim, sobre aquelas grandes cenas lírico-retóricas em que a paixão e a dialética do herói principal avolumavam-se formando uma larga e poderosa torrente. Tudo prepara para o *páthos*, não para a ação: e o que não prepara para o *páthos* é considerado condenável. Porém, o que mais intensamente dificultaria a entrega prazerosa a tais cenas é um elo que falta ao ouvinte, uma lacuna no tecido da história prévia; enquanto o ouvinte ainda precisa calcular o que significam esta e aquela pessoa, quais os pressupostos deste e daquele conflito de inclinações e propósitos, sua completa imersão no sofrimento e no agir dos personagens principais, sua compaixão e seu contemor[149] ofegantes ainda não são possíveis. A tragédia esquiliana-sofocliana empregava os mais espirituosos expedientes artísticos para, de certo modo por acaso, colocar nas mãos do espectador durante as primeiras cenas todos os fios necessários para a compreensão: uma característica na qual se afirma aquela nobre habilidade artística

149. *Mitfürchten*, temor comum, partilhado por vários indivíduos. Nietzsche cria o termo em analogia com *Mitleiden*, "compaixão" = participação no sofrimento de outrem. Ver também "coentusiastas" (*Mitschwärmer*), outra criação de Nietzsche, na terceira seção da "Tentativa de autocrítica".

que, por assim dizer, mascara os elementos formais *necessários* e os faz parecer casuais. Mas, em todo caso, Eurípides acreditou notar que, durante aquelas primeiras cenas, o espectador estaria numa singular inquietação para calcular o problema aritmético da história prévia, de modo que se perderiam, para ele, as belezas poéticas e o *páthos* da exposição. Por isso, colocou o prólogo antes da exposição e o pôs na boca de um personagem em quem se poderia confiar: com frequência, uma divindade[150] tinha de garantir ao público, de certo modo, o decurso da tragédia e eliminar qualquer dúvida quanto à realidade do mito: do mesmo modo como Descartes[151] só foi capaz de demonstrar a realidade do mundo empírico ao apelar à veracidade de Deus e à sua incapacidade de mentir. Eurípides precisa dessa mesma veracidade divina mais uma vez ao final de seu drama a fim de assegurar ao público o futuro de seus heróis; essa é a tarefa do famigerado *deus ex machina*.[152] Entre o épico olhar

150. Em apenas cinco das dezessete peças conservadas de Eurípides um deus recita o prólogo: em *Alceste* (Apolo), em *Hipólito* (Afrodite), em *Íon* (Hermes), em *As troianas* (Posídon) e *As bacantes* (Dioniso).

151. Em suas *Meditações de filosofia primeira* (1641).

152. Refere-se ao uso do enciclema, uma plataforma móvel pela qual uma divindade descia até o palco. Esse "deus que desce por uma máquina" surge em várias peças de Eurípides e interrompe a ação abruptamente, resolvendo uma situação confusa e impedindo uma catástrofe que decorreria necessariamente dos eventos. Nietzsche oblitera a interpretação pessimista-irônica desse uso, segundo a qual a situação apresentada é tão insolúvel que um desfecho (cont.)

antecipador e o épico olhar prospectivo está o presente lírico-dramático, o verdadeiro "drama".

Assim, como poeta, Eurípides é sobretudo o eco de seus conhecimentos conscientes; e precisamente isso confere-lhe uma posição tão memorável na história da arte grega. Com respeito a seu criar crítico-produtivo, ele deve muitas vezes ter tido a impressão de que deveria vivificar para o drama o início do escrito de Anaxágoras, cujas primeiras palavras são: "no início, tudo estava reunido; então veio o entendimento e criou ordem".[153] E se Anaxágoras, com seus *noûs*,[154] apareceu entre os filósofos como o primeiro sóbrio entre completos bêbados, pode ser que Eurípides também tenha compreendido sua relação com os outros poetas da tragédia recorrendo a uma imagem parecida. Enquanto o único ordenador e regedor do universo, o *noûs*, ainda estava excluído do criar artístico, tudo ainda estava reunido numa

(cont.) favorável só seria possível mediante a intervenção de algo absolutamente improvável.

153. Citação conforme *As vidas e as opiniões dos filósofos*, obra do compilador Diógenes Laércio (século II).

154. Faculdade de pensar; inteligência; pensamento; espírito. Segundo Anaxágoras (500-428 a.C.), o *noûs* é a inteligência compreendida como princípio ordenador dos elementos materiais que compõem o universo. Além de propor esse princípio, Anaxágoras também é conhecido como uma espécie de pioneiro das ciências naturais; afirmou, por exemplo, que o sol é uma massa rochosa incandescente, e não um deus, como até então acreditavam os gregos, o que lhe rendeu um processo por sacrilégio. A imagem do sóbrio entre os bêbados é uma paráfrase de Aristóteles, *Metafísica*, 1, 984b 15 e segs.

caótica pasta primordial; esse tinha de ser o juízo de Eurípides, assim ele tinha de condenar os poetas "bêbados" na condição de primeiro "sóbrio". O que Sófocles disse de Ésquilo, que este fazia o correto, embora inconscientemente,[155] por certo não foi dito no sentido de Eurípides: que só admitiria que Ésquilo, *pelo fato de* criar inconscientemente, criava o incorreto. Também o divino Platão fala, na maioria das vezes, apenas ironicamente da capacidade criadora do poeta na medida em que esta não é a compreensão consciente, equiparando-a ao dom do adivinho e do intérprete de sonhos;[156] afinal, o poeta não seria capaz de poetar enquanto não estivesse inconsciente e nele não houvesse mais qualquer entendimento. Eurípides tratou, como Platão também tratara, de mostrar ao mundo a contrapartida do poeta "ininteligível"; seu princípio estético, "tudo tem de ser consciente para ser belo", é, como afirmei, o princípio paralelo ao socrático "tudo tem de ser consciente para ser bom". Sendo assim, podemos considerar Eurípides o poeta do socratismo estético. No entanto, Sócrates era aquele *segundo espectador* que não compreendia a tragédia mais antiga e, por isso, não a respeitava; aliado a ele, Eurípides ousou ser o arauto de um novo criar artístico. Se a tragédia mais antiga sucumbiu devido a este, então o socratismo estético é o princípio assassino: porém, na medida em que a luta contra o dionisíaco

155. Segundo anedota relatada pelo compilador Ateneu (século II/III).

156. Ver, por exemplo, *Apologia de Sócrates*, 22 b-c e *Íon*, 534 b-c.

se orientava à arte mais antiga, reconhecemos em Sócrates o antagonista de Dioniso, o novo Orfeu[157] que se ergue contra Dioniso e, embora destinado a ser feito em pedaços pelas mênades do tribunal ateniense, força o próprio poderosíssimo deus a fugir: o qual, como na ocasião em que fugiu de Licurgo, o rei dos edões, refugiou-se nas profundezas do mar,[158] ou seja, nas marés místicas de um culto secreto que, gradativamente, cobriu o mundo inteiro.[159]

13.

O fato de Sócrates ter uma estreita relação de tendência com Eurípides não escapou à Antiguidade daquela época; e a expressão mais eloquente dessa feliz sagacidade é aquela lenda, que circulava por Atenas, segundo a qual Sócrates costumava auxiliar Eurípides em seu poetar.[160] Ambos os nomes eram

157. A mais conhecida versão do mito em que Orfeu é despedaçado pelas mênades é dada por Ovídio, *Metamorfoses*, 11, versos 1-66.

158. Ver Homero, *Ilíada*, canto VI, versos 130-140.

159. Ao contrário do que sugere Nietzsche, os mistérios dionisíacos não se propagaram após o declínio da tragédia grega, mas já eram atestados no auge desta, no século V a.C., persistindo até o século IV d.C., quando foram proibidos pela religião de Estado romana, o cristianismo. Ademais, não eram "cultos secretos": embora envolvessem rituais de iniciação, seus festejos eram publicamente acessíveis.

160. Anedota, sem base histórica, relatada por Diógenes Laércio no capítulo de *As vidas e as opiniões dos filósofos* dedicado a Sócrates.

mencionados num só fôlego pelos adeptos da "boa e velha época" quando se tratava de enumerar os sedutores do povo da época presente: de cuja influência resultaria o fato de a antiga e robusta habilidade maratônica de corpo e alma ser sacrificada cada vez mais a um esclarecimento[161] duvidoso, acompanhado pelo definhamento progressivo das forças físicas e anímicas. Nesse tom, meio com indignação, meio com desprezo, é que a comédia aristofanesca costuma falar daqueles homens,[162] para horror dos modernos, que, é verdade, abrem mão de Eurípides de bom grado,[163] mas que não conseguem se admirar o suficiente pelo fato de Sócrates aparecer em Aristófanes como o primeiro e o supremo *sofista*, como o espelho e o epítome de todos os anseios sofísticos: diante do que o único consolo é colocar o próprio Aristófanes no pelourinho como um devasso e mendaz Alcibíades[164] da poesia. Sem neste ponto defender de tais ataques os profundos instintos de Aristófanes, continuo a demonstrar, a partir da sensibilidade antiga, a estreita afinidade entre Sócrates e Eurípides; nesse sentido, cabe lembrar sobretudo que Sócrates, como adversário da arte trágica, se abstinha de assistir às tragédias,

---

161. No sentido de confiança na racionalidade e na ciência.

162. Refere-se ao modo como Aristófanes trata Eurípides em *As rãs* e Sócrates em *As nuvens*.

163. Por exemplo, August Wilhelm Schlegel. O mesmo não é válido para outros autores alemães do século XIX (Wieland, Lessing e Goethe), que tinham Eurípides em alta conta.

164. Político, falecido em 404 a.C., que causou grande desgraça a Atenas.

apresentando-se entre os espectadores apenas quando se encenava uma nova peça de Eurípides. Famosíssima, porém, é a estreita associação de ambos os nomes no dito oracular délfico que designa Sócrates como o mais sábio dos homens, mas ao mesmo tempo profere o juízo de que cabe a Eurípides o segundo prêmio na competição da sabedoria.

Sófocles foi o terceiro nomeado nessa escala; ele, que, contra Ésquilo, podia se vangloriar de fazer o correto, e, mais exatamente, por *saber* o que era o correto. Pelo visto, é precisamente o grau de clareza desse *saber* o que distingue esses três homens em conjunto como os três "sabedores" de seu tempo.

No entanto, as mais perspicazes palavras em favor dessa nova e inaudita alta consideração do saber e da compreensão foram ditas por Sócrates quando viu que era o único que admitia *nada saber*; ao passo que em sua deambulação crítica por Atenas, conversando com os maiores estadistas, oradores, poetas e artistas, encontrou por toda parte a presunção do saber. Com assombro, reconheceu que todas aquelas celebridades não tinham uma compreensão acertada e segura nem mesmo de seu ofício, praticando-o apenas por instinto.[165] "Apenas por instinto": com essa expressão tocamos o coração e o centro da tendência socrática. Com ela, o socratismo condena tanto a arte existente quanto a ética existente: para onde quer que dirija seus

165. Platão não emprega o termo "instinto" (ou análogo), mas diz que os poetas escrevem suas obras graças a um dom natural e num estado de entusiasmo; ver *Apologia de Sócrates*, 22 b.

olhares perscrutadores, ele vê a falta de compreensão e o poder da ilusão, inferindo dessa falta a improcedência e a condenabilidadc intrínsecas do existente. A partir desse único ponto, Sócrates acreditava ter de corrigir a existência: ele, o indivíduo, com cara de desdém e de superioridade, como o precursor de uma cultura, uma arte e uma moral completamente diferentes, entra num mundo que nos produziria a maior felicidade se conseguíssemos apanhar, respeitosamente, uma ponta dele.

Esse é o imenso escrúpulo que a cada vez nos acomete face a Sócrates e que vez após vez nos incita a reconhecer o sentido e o propósito deste que é o mais questionável fenômeno da Antiguidade. Quem é este que pode se atrever, como um indivíduo, a negar o ser grego, que, sob a forma de Homero, Píndaro e Ésquilo, de Fídias,[166] de Péricles, da pítia[167] e de Dioniso, do mais profundo abismo e do mais elevado pico, está seguro de nossa reverência admirada? Que força demoníaca é esta que pode se atrever a despejar na poeira essa bebida mágica? Que semideus é este a quem o coro espectral dos mais nobres da humanidade tem de bradar: "Ai! Ai! Tu o destruíste, o belo mundo, com poderoso punho; ele desaba, ele desmorona!"?[168]

166. Fídias (c. 500-432 a.C.) foi o mais célebre escultor grego. Foi amigo e conselheiro do estadista Péricles (c. 495-429 a.C.).

167. Sacerdotisa de Apolo, que pronunciava os oráculos em Delfos.

168. Goethe, *Fausto I*, "Gabinete de estudo", versos 1607-12 (espectros a Fausto).

Uma chave para a essência de Sócrates nos é oferecida por aquele prodigioso fenômeno designado de "demônio de Sócrates". Em situações particulares, nas quais vacilava seu imenso entendimento, ele obtinha um apoio firme graças a uma voz divina que se manifestava em tais momentos. Quando vem, essa voz sempre *dissuade*. Nessa natureza inteiramente anormal, a sabedoria instintiva mostra-se apenas para opor-se aqui e ali ao conhecimento consciente de modo a *estorvá-lo*. Ao passo que em todas as pessoas produtivas o instinto é precisamente a força afirmativo-criadora e a consciência se porta de modo crítico e dissuasivo, em Sócrates o instinto se transforma em crítico, e a consciência, em criador – uma verdadeira monstruosidade *per defectum*![169] E, mais exatamente, percebemos aqui um monstruoso *defectus* [uma monstruosa falta] de qualquer disposição mística, de maneira que caberia designar Sócrates como o específico *não místico*, em quem a natureza lógica, devido a uma superfetação,[170] é tão excessivamente desenvolvida quanto, no místico, aquela sabedoria instintiva. Por

---

169. Em *O mundo como vontade e representação* (v. 2, cap. 31, "Do gênio"), Schopenhauer afirma que a fisiologia poderia incluir o excesso de atividade cerebral do gênio entre os *monstra per excessum*, "monstros (= deformidades, anomalias) por excesso", que ela coloca, por sua vez, ao lado dos *monstra per defectum*, "monstros por defeito (= falta)" e dos *monstra per situm mutatum*, "monstros devido a uma posição errônea".

170. No sentido de excrescência, demasia, excesso. Em sentido estritamente médico, a fecundação de um segundo óvulo durante o curso de uma gravidez.

outro lado, no entanto, era completamente interditado a esse impulso lógico que se manifestava em Sócrates voltar-se contra si próprio; nesse fluir sem peias, ele mostra uma força natural como apenas a encontramos, para nossa horrorizada surpresa, nas maiores de todas as forças instintivas. Quem tenha percebido, a partir dos escritos platônicos, apenas um sopro daquela ingenuidade e segurança divinas da orientação de vida socrática, também sente como a enorme roda motriz do socratismo lógico se encontra em movimento *por trás* de Sócrates, por assim dizer, e como ela tem de ser contemplada através de Sócrates como através de uma sombra. Porém, o fato de ele próprio ter uma ideia de tal situação expressa-se na gravidade solene com que afirmava sua vocação divina por toda parte e mesmo diante de seus juízes. Refutá-lo nisso era, no fundo, tão impossível quanto aprovar sua influência desagregadora dos instintos. Quando ele foi certo dia trazido à frente do foro do Estado grego, havia uma única forma de condenação recomendada para esse conflito insolúvel, o banimento; ele deveria ter sido proscrito como algo completamente enigmático, inclassificável, inexplicável, sem que alguma posteridade tivesse razão de acusar os atenienses de um ato ultrajante. No entanto, o próprio Sócrates, com plena clareza e sem o horror natural à morte, parece ter logrado que o sentenciassem à morte e não apenas ao banimento:[171] ele dirigiu-se à morte com aquela calma

171. Conforme Diógenes Laércio, Sócrates teria sido sentenciado a uma multa em dinheiro como punição pelos crimes que alegadamente cometera; porém, como fez uma provocação aos juízes, estes o condenaram à morte.

com que, segundo a descrição de Platão, ele deixa o banquete, como o último dos beberrões, à primeira luz da alvorada, a fim de começar um novo dia; enquanto atrás dele, sobre os bancos e pelo chão, ficam os convivas adormecidos,[172] a sonhar com Sócrates, o verdadeiro erotista. *O Sócrates moribundo* tornou-se o novo ideal, nunca visto, da nobre juventude grega: sobretudo Platão, o jovem heleno típico, prostrou-se diante dessa imagem com toda a entrega fervorosa de sua alma de entusiasta.[173]

14.

Imaginemos agora o olho de Sócrates dirigido à tragédia, esse único e grande olho de ciclope[174] em que nunca ardeu a graciosa loucura[175] do entusiasmo artístico – imaginemos como era proibido a esse olho contemplar com agrado os abismos dionisíacos –, o

172. Ver Platão, *O banquete*, 223d.

173. Segundo anotações de Nietzsche, trecho inspirado por um afresco de Bernardino Luini pintado em 1529 na igreja de Santa Maria degli Angili (Lugano, Itália), representando a paixão de Cristo, e no qual o discípulo João se prostra diante da cruz.

174. Os ciclopes eram descritos na *Odisseia* (canto IX) como uma raça de gigantes dotados de um só olho. Ao atribuir a "uniocularidade" a Sócrates, Nietzsche caracteriza metaforicamente o (suposto) pensamento lógico unidimensional de Sócrates.

175. No *Fedro* (265a-b), Platão fala de quatro tipos de loucura produzidos pelos deuses; um deles seria a inspiração artística, que ele atribui às musas.

que propriamente ele tinha de ver na "sublime e altamente louvada" arte trágica, como a chama Platão?[176] Algo bastante insensato, com causas que pareciam não ter efeitos e com efeitos que pareciam não ter causas, sendo o todo, além disso, tão variado e múltiplo que teria de repugnar a uma índole ponderada, mas, para almas excitáveis e sensíveis, ser um perigoso estopim.[177] Sabemos qual era o único gênero de arte poética que ele compreendia, a *fábula esópica*:[178] e isso certamente acontecia com aquela acomodação sorridente com que o honrado e bom Gellert,[179] na fábula da abelha e da galinha, canta o elogio da poesia:

> Vês em mim sua finalidade:
> Por uma imagem dizer a verdade
> A quem muito entendimento não tem.

Mas, para Sócrates, a arte trágica não parecia sequer "dizer a verdade": sem contar o fato de dirigir-se a quem "muito entendimento não tem", ou seja, não ao filósofo: um duplo motivo para ficar longe dela. Tal como Platão, ele a contava entre as artes bajula-

176. Referência ao diálogo *Górgias* (502b 1), em que a expressão destacada é usada ironicamente, pois segundo Sócrates/Platão a tragédia e a arte em geral não seriam verdadeiras nem úteis, almejando apenas o contentamento e o prazer dos espectadores, ou seja, sua bajulação.

177. Conforme *A república*, 605c-607a.

178. Segundo o diálogo platônico *Fédon*, 61b. As fábulas de Esopo datam do século VI a.C.

179. Christian Fürchtegott Gellert (1715-1769): autor alemão, célebre no século XVIII por suas fábulas.

doras, que apresentam apenas o agradável, não o útil, exigindo por isso de seus discípulos a abstinência e o rigoroso isolamento em relação a tais estímulos não filosóficos; com tamanho êxito que a primeiríssima coisa que o jovem tragediógrafo Platão fez a fim de poder se tornar aluno de Sócrates foi queimar seus poemas.[180] Porém, onde predisposições invencíveis lutavam contra as máximas socráticas, a força das primeiras, ao lado da impetuosidade daquele formidável caráter, ainda foi grande o suficiente para impelir a própria poesia a posições novas e até então desconhecidas.

Um exemplo disso é o recém-mencionado Platão: ele, que na condenação da tragédia e da arte em geral certamente não ficou atrás do ingênuo cinismo[181] de seu mestre, teve de criar, por plena necessidade artística, uma forma de arte que é intrinsecamente aparentada justo às formas de arte existentes e por ele rejeitadas. A principal censura que Platão tinha a fazer à arte mais antiga – o fato de ser a imitação de uma imagem da aparência, ou seja, o fato de pertencer a uma esfera ainda mais baixa do que o

---

180. Segundo Diógenes Laércio, Platão fez tentativas artísticas com a pintura e a poesia. Neste último gênero, compôs inicialmente ditirambos e, mais tarde, canções e tragédias. Quando quis entrar numa competição de tragédias, aos vinte anos, Sócrates o aconselhou a queimar suas obras, o que ele fez diante do teatro de Dioniso.

181. Como escola filosófica, o cinismo deriva-se de Antístenes de Atenas (444-365 a.C.), um discípulo de Sócrates. Uma das principais características dessa escola foi a rejeição a todas as convenções vigentes.

mundo empírico[182] –, não poderia de modo algum ser dirigida contra a nova obra de arte: e assim vemos Platão empenhado em ir além da realidade e apresentar a ideia que está na base daquela pseudorrealidade. Mas, assim, o pensador Platão chegara por um rodeio precisamente ao lugar em que, como poeta, sempre estivera em casa, e a partir do qual Sófocles e toda a arte mais antiga protestavam solenemente contra aquela censura. Se a tragédia absorvera todos os gêneros artísticos anteriores, o mesmo pode valer, por sua vez, num sentido excêntrico, para o diálogo platônico, que, gerado pela mistura de todos os estilos e formas existentes, paira no meio-termo entre a narrativa, a poesia lírica e o drama, entre a prosa e a poesia, assim violando também a severa lei mais antiga da forma unitária de linguagem; caminho este em que foram ainda mais longe os escritores *cínicos*,[183] que, na imensíssima variedade do estilo, no oscilar para cá e para lá entre formas prosaicas e métricas, também alcançaram a imagem literária do "Sócrates furioso",[184] a qual costumavam representar na vida. O diálogo platônico foi o bote, por assim dizer, em que se salvou a poesia mais antiga naufragada, junto com todos os seus filhos: aglomerados num espaço restrito e medrosamente submissos ao único

182. Ver *A república* 596e-602b.

183. É o caso do filósofo e poeta grego Menipo de Gadara (século III a.C.), que mesclava prosa e verso em suas sátiras.

184. Conforme Diógenes Laércio, Platão teria chamado um dos fundadores da escola cínica, Diógenes de Sinope (400-325 a.C.), de um "Sócrates furioso".

timoneiro, Sócrates, eles adentraram então um novo mundo, que jamais conseguiu se saciar com a visão da imagem fantástica desse cortejo. Platão realmente proporcionou para toda a posteridade o modelo de uma nova forma artística, o modelo do *romance*:[185] que cabe definir como a fábula esópica infinitamente intensificada, na qual a poesia vive com a filosofia dialética numa ordem hierárquica semelhante àquela em que, por muitos séculos, a mesma filosofia vive com a teologia: a saber, como *ancilla* [serva]. Esta era a nova posição da poesia, à qual a empurrou Platão sob a pressão do demoníaco Sócrates.

Aqui o *pensamento filosófico* cresce por cima da arte e força-a a um estreito agarrar-se ao tronco da dialética. A tendência *apolínea* converteu-se na crisálida do esquematismo lógico: assim como tivemos de observar algo correspondente em Eurípides e, além disso, uma tradução do *dionisíaco* ao afeto naturalista. Sócrates, o herói dialético no drama platônico, recorda-nos a natureza afim do herói euripidiano, que, mediante argumento e contra-argumento, tem de defender suas ações e, devido a isso, tantas vezes corre o risco de perder nossa compaixão trágica: pois quem seria capaz de ignorar o elemento *otimista* na essência da dialética, elemento que celebra sua festa de júbilo em cada silogismo e só pode respirar em fria clareza e consciência: o elemento otimista, que, uma vez introduzido na tragédia, tem de recobrir pouco a

---

185. O romance grego surgiria na verdade apenas no século II. Seus principais representantes foram Longo (*Histórias pastoris de Dafne e Cloé*) e Heliodoro (*Histórias etíopes*).

pouco com sua vegetação as regiões dionisíacas dela e impeli-la necessariamente à autoaniquilação – até o salto mortal para dentro da peça teatral burguesa. Apenas ponderemos as consequências das proposições socráticas: "virtude é saber; só se peca por ignorância; o virtuoso é o feliz":[186] nessas três formas fundamentais do otimismo está a morte da tragédia. Pois agora o herói virtuoso tem de ser dialético, agora tem de haver uma ligação necessária e visível entre virtude e saber, fé e moral, agora a transcendental solução de justiça[187] de Ésquilo foi degradada à categoria do raso e descarado princípio da "justiça poética" com o seu usual *deus ex machina*.

Diante desse novo mundo socrático-otimista do palco, como aparece agora o *coro* e, sobretudo, o inteiro pano de fundo dionisíaco-musical da tragédia? Como algo fortuito, como uma reminiscência, de que por certo se poderia prescindir, da origem da tragédia; ao passo que reconhecemos, afinal, que só o coro pode ser compreendido como *causa* da tragédia e do trágico em geral. Já em Sófocles aparece esse embaraço quanto ao coro – um importante sinal de que já nele o terreno dionisíaco da tragédia começa a desmoronar. Ele não ousa mais confiar ao coro a

186. Ver o diálogo *Protágoras*, 355b-c, 361a-c.

187. Na peça *Eumênides*, última parte da trilogia esquiliana *Oréstia*, a deusa Atena institui um tribunal, o Areópago, em que Orestes é julgado pelo assassinato da mãe. Vários juízes, Apolo e a própria Atena votam pela absolvição do acusado, encerrando assim o ciclo de vinganças abordado na trilogia. Embora de modo diferente de Eurípides, Ésquilo também já empregava o expediente do *deus ex machina*.

parte principal do efeito, mas limita seu âmbito de tal forma que agora ele parece quase coordenado com os atores, como se tivesse sido guindado da orquestra para a cena: o que de fato destrói completamente sua essência, por mais que Aristóteles[188] conceda sua aprovação justamente a essa concepção do coro. Esse deslocamento da posição do coro, que Sófocles, em todo caso, recomendou por sua prática e, segundo a tradição, inclusive mediante um escrito, é o primeiro passo para a *aniquilação* do coro, cujas fases se sucedem com rapidez apavorante em Eurípides, Ágaton[189] e na comédia nova. Com o chicote de seus silogismos, a dialética otimista expulsa a *música* da tragédia: isto é, ela destrói a essência da tragédia, essência que se deixa interpretar apenas como uma manifestação e uma ilustração de estados dionisíacos, como simbolização visível da música, como o mundo onírico de uma embriaguez dionisíaca.

Se, portanto, temos de supor inclusive uma tendência antidionisíaca atuando já antes de Sócrates, que apenas nele adquire uma expressão inauditamente grandiosa, não podemos recuar diante da questão de saber para onde aponta, afinal, uma aparição como a de Sócrates: que, contudo, face aos diálogos platônicos, não somos capazes de compreender apenas como

188. *Poética*, 1456a.

189. Tragediógrafo ático da segunda metade do século V a.C. Conquistou sua primeira vitória numa competição de tragédias em 416 a.C., comemorando-a com uma célebre bebedeira, a base factual de *O banquete*, de Platão, em que Ágaton também aparece como personagem (194e-197e).

uma potência desagregadora e negativa. E tão certo quanto o efeito mais imediato do impulso socrático tenha resultado numa decomposição da tragédia dionisíaca, uma profunda experiência de vida do próprio Sócrates nos obriga a perguntar se entre o socratismo e a arte haveria *necessariamente* apenas uma relação antipódica e se o nascimento de um "Sócrates artístico" seria mesmo algo em si contraditório.

Pois esse lógico despótico tinha em relação à arte, aqui e ali, o sentimento de uma lacuna, de um vazio, de uma meia censura, de um dever talvez negligenciado. Segundo narra a seus amigos na prisão, vinha-lhe com frequência uma única e mesma aparição onírica, que sempre dizia o mesmo: "Sócrates, dedica-te à música!". Até seus últimos dias, ele se tranquiliza com a opinião de que seu filosofar é a suprema arte das musas, e não acredita realmente que uma divindade o lembraria daquela "música popular ordinária". Por fim, na prisão, para aliviar completamente sua consciência, ele consente em também praticar a música que desprezara. E, nessa disposição, cria um proêmio dedicado a Apolo e coloca em versos algumas fábulas esópicas.[190] O que o impeliu a esses exercícios foi algo semelhante à voz demoníaca e admoestadora, foi sua percepção apolínea de que ele, como um rei bárbaro, não compreendia uma nobre imagem de um deus e corria o risco de pecar contra uma divindade – devido à sua

190. Conforme o diálogo platônico *Fédon*, que se passa na prisão e apresenta Sócrates conversando com amigos e aguardando sua execução iminente.

não compreensão. Essas palavras da aparição onírica socrática são o único indício de uma dúvida acerca das fronteiras da natureza lógica: poderá – assim ele tinha de perguntar-se – o não compreensível para mim, afinal, não ser logo o incompreensível? Talvez exista um reino da sabedoria do qual o lógico esteja banido? Talvez a arte seja inclusive um necessário correlato e suplemento da ciência?

15.

No sentido destas últimas perguntas, cheias de pressentimentos, cabe declarar agora como a influência de Sócrates até esse momento, e inclusive por todo o futuro afora, se estendeu sobre a posteridade feito uma sombra que se torna cada vez maior ao sol poente, como tal influência obriga a uma reiterada recriação da *arte* – mais exatamente, da arte já em sentido metafísico, mais amplo e mais profundo – e, dada a sua própria infinitude, também garante a infinitude dela.

Antes que isso pudesse ser reconhecido, antes que a mais profunda dependência de toda arte em relação aos gregos, os gregos de Homero a Sócrates, tivesse sido convincentemente demonstrada, tinha de passar-se conosco, em relação a esses gregos, o que se passou com os atenienses em relação a Sócrates. Quase toda época e todo estágio cultural tentaram, com profundo desgosto, libertar-se em algum momento dos gregos, pois, face a eles, tudo o que fora realizado por conta própria, que parecia ser completamente original e era admirado com bastante sinceridade, parecia de súbito perder a cor e a vida, encolhendo até as dimensões de uma cópia malograda, inclusive de uma caricatura.[191] E assim irrompe repetidamente o profundo rancor contra esse povinho presunçoso que se atreveu a caracterizar tudo o que não é de sua terra, por todos os tempos, como "bárbaro": quem são esses, perguntam-se as pessoas, que, embora possam ostentar apenas um brilho histórico efêmero, apenas instituições risivelmente limitadas, apenas um duvidoso mérito na moral e sendo inclusive caracterizados por feios vícios, ainda assim se arrogam a dignidade e a posição especial entre os povos, que cabem ao gênio em meio à massa? Infelizmente, não se foi tão bem-sucedido em descobrir o cálice de cicuta[192] com que um ser desses pudesse ser simplesmente eliminado: pois todo o veneno produzido pela inveja, pela calúnia e pelo rancor não bastou para aniquilar essa magnificência autossuficiente. E, assim, as pessoas sentem vergonha e medo dos gregos; a não ser que alguém preze a verdade acima de tudo e ouse confessar a si mesmo a verdade de que os gregos têm nossa cultura e qualquer cultura nas mãos como cocheiros,[193] mas

191. Manifestações dessas tentativas de libertação foram, por exemplo, a chamada "querela dos antigos e dos modernos", na França de fins do século XVII, e a contraposição entre imitação e original na literatura do movimento pré-romântico alemão "Tempestade e ímpeto", no século XVIII.

192. Alusão à morte de Sócrates, executado com esse poderoso veneno. Ver Platão, ao final do diálogo *Fédon*.

193. Alusão a Platão, *Fedro*, 246a-b, em que a alma é comparada a uma força natural composta de uma parelha de cavalos alados e seu cocheiro.

que quase sempre o carro e os cavalos são de material inferior demais e incompatíveis com a glória de seus condutores, que então consideram um gracejo precipitar semelhante parelha no abismo: por cima do qual eles próprios saltam com o pulo de Aquiles.[194]

Para demonstrar a dignidade de semelhante posição condutora também no caso de Sócrates, basta reconhecer nele o tipo de uma forma de existência inaudita antes dele, o tipo do *homem teórico*, do qual, como nossa próxima tarefa, buscaremos compreender o significado e o objetivo. Também o homem teórico tem um contentamento infinito com o existente, tal como o artista, e é, como este, graças a esse contentamento, protegido da ética prática do pessimismo e de seus olhos de Linceu[195] a brilhar apenas na escuridão. Pois quando o artista, a cada revelação da verdade, sempre se atém com olhares fascinados àquilo que mesmo agora, após a revelação, ainda continua sendo envoltório, o homem teórico goza e se alegra com o envoltório lançado ao chão e tem sua máxima meta de prazer no processo de uma revelação sempre feliz, a ocorrer por força própria. Não haveria ciência se o que lhe importasse fosse apenas aquela *única* deusa nua e nada mais. Pois então o estado de espírito de seus discípulos seria o mesmo daqueles que queriam cavar um buraco que atravessasse a Terra em linha

---

194. Ver Homero, *Ilíada*, canto XXI, em que se relata como Aquiles, em luta com o deus fluvial Escamandro, salva-se com grandes saltos.

195. Na mitologia grega, Linceu era conhecido por seu olhar aguçadíssimo. O mesmo personagem também aparece em Goethe, *Fausto II*, ato V, "Noite profunda".

reta: cada um deles reconhece que, apesar do imensíssimo esforço de toda uma vida, só será capaz de cavar uma parte bem pequena da colossal profundidade, parte que será outra vez soterrada diante de seus olhos pelo trabalho do seguinte, de maneira que um terceiro parece agir bem quando escolhe por conta própria um novo lugar para suas tentativas de perfuração. Se então alguém demonstra convincentemente que a meta antipódica não pode ser alcançada por esse caminho direto, quem ainda quererá continuar trabalhando nas velhas profundezas, a não ser que, nesse meio-tempo, satisfaça-se em encontrar pedras preciosas ou descobrir leis da natureza? Por isso, Lessing, o mais honesto homem teórico, ousou declarar que mais lhe interessava a busca da verdade do que ela própria:[196] revelando assim o segredo fundamental da ciência, para o espanto, e inclusive irritação, dos homens de ciência. Bem, mas ao lado desse reconhecimento isolado, como um excesso de honestidade, se não de petulância, encontra-se uma profunda *ilusão*, que veio ao mundo pela primeira vez na pessoa de Sócrates, aquela crença inabalável de que o pensamento, seguindo o fio da causalidade, chegaria até os abismos mais profundos do ser, e de que o pensamento seria

196. Em uma controvérsia de crítica à teologia datada de 1778 e intitulada *Eine Duplik* [Uma tréplica] consta: "O que constitui o valor do homem não é a verdade, de cuja posse qualquer um está ou julga estar, mas o esforço sincero que ele empregou para descobri-la. Pois não é pela posse, e sim pela investigação da verdade que se ampliam suas forças, nas quais, apenas, consiste sua perfeição sempre crescente. A posse torna tranquilo, preguiçoso, orgulhoso [...]".

capaz não só de conhecer, mas inclusive de *corrigir* o ser. Essa sublime ilusão metafísica acompanha a ciência como um instinto, e leva-a vez após vez até suas fronteiras, junto às quais tem de converter-se em *arte*: *que é, dado esse mecanismo, sua finalidade propriamente dita.*[197]

Com a tocha desse pensamento, olhemos agora para Sócrates: ele nos aparece como o primeiro que, levado pela mão desse instinto da ciência, pôde não apenas viver, mas – o que é muito mais – também morrer: e, por isso, a imagem do *Sócrates moribundo*, como imagem do ser humano dispensado do medo da morte graças ao saber e aos argumentos, é o brasão de armas que, sobre o portão de entrada da ciência, recorda a cada um o destino dela, a saber, tornar a existência compreensível e, assim, fazer com que pareça justificada: finalidade à qual, quando não bastam os argumentos, também deve servir por fim o *mito*, que inclusive defini há pouco como consequência necessária, inclusive como propósito da ciência.

Quem alguma vez fizer uma imagem clara de como depois de Sócrates, o mistagogo[198] da ciência, uma escola de filósofos se sucede à outra, feito vaga após vaga;[199] como uma universalidade nunca ima-

---

197. Tese que ecoa uma ideia apresentada por Richard Wagner em seu texto *Das Kunstwerk der Zukunft* [A obra de arte do futuro].

198. Sacerdote que iniciava os neófitos nos mistérios de Elêusis.

199. Dentre as principais, cite-se o platonismo, o aristotelismo, o epicurismo e o estoicismo.

ginada do apetite de saber, no amplíssimo âmbito do mundo cultivado e como verdadeira tarefa para todos os mais altamente dotados, levou a ciência ao alto-mar, de onde nunca mais pôde ser expulsa completamente desde então; como, por meio dessa universalidade, uma rede comum de pensamento foi estendida pela primeira vez sobre todo o globo terrestre, inclusive com a perspectiva de estendê-la às leis de todo um sistema solar; quem tiver presente tudo isso, junto com a pirâmide espantosamente alta do saber na atualidade, não poderá deixar de ver em Sócrates o ponto de inflexão e o pivô da chamada história universal. Pois se alguma vez pensarmos em toda essa soma inquantificável de força, consumida em prol dessa tendência mundial, sendo empregada *não* a serviço do conhecimento, mas nas metas práticas, isto é, egoístas dos indivíduos e povos, então é provável que o prazer instintivo de viver tivesse se enfraquecido a tal ponto devido às lutas gerais de aniquilação e às constantes migrações dos povos que, dado o costume do suicídio, o indivíduo talvez precisasse sentir o último resto de sentimento de dever quando, como o habitante das ilhas Fiji, estrangula os pais na condição de filho e o amigo na condição de amigo: um pessimismo prático que poderia inclusive gerar uma apavorante ética do genocídio por compaixão – um pessimismo que, de resto, existe e existiu em todas as partes do mundo onde a arte não surgiu sob alguma forma, em especial como religião e ciência, a fim de servir de remédio e de defesa contra esse sopro pestilento.

Face a esse pessimismo prático, Sócrates é o modelo do otimista teórico, que, na referida crença na sondabilidade da natureza das coisas, atribui ao saber e ao conhecimento a força de uma medicina universal e entende que o erro é o mal em si. Penetrar nesses fundamentos e separar o verdadeiro conhecimento da aparência e do erro parecia ao homem socrático o mais nobre e mesmo o único ofício verdadeiramente humano: assim como aquele mecanismo de conceitos, juízos e silogismos foi apreciado, a partir de Sócrates, como a atividade suprema e o mais admirável dom da natureza, acima de todas as demais faculdades. Mesmo os feitos morais mais sublimes, as emoções da compaixão, do sacrifício, do heroísmo e aquela calmaria da alma, difícil de conquistar, que o grego apolíneo chamava de sofrósina,[200] foram derivados, por Sócrates e seus sucessores de mesma índole até o presente, da dialética do saber e, em conformidade com isso, caracterizados como ensináveis. Quem experimentou em si o prazer de um conhecimento socrático e percebe como este, em círculos cada vez mais amplos, busca abranger o inteiro mundo dos fenômenos, não sentirá, a partir de então, qualquer aguilhão que pudesse impelir mais fortemente à existência do que o anseio de completar aquela conquista e tecer a rede de modo impenetravelmente firme. Para alguém com essa determinação, o Sócrates platônico aparece então como o professor de uma forma inteiramente nova de "serenidade grega" e bem-aventurança com a

200. Temperança, moderação, prudência, sensatez.

existência, forma que busca se descarregar em ações e que encontrará essa descarga, na maioria das vezes, nas influências maiêuticas[201] e educativas exercidas sobre jovens nobres visando por fim criar o gênio.

Mas a ciência, estimulada por sua vigorosa ilusão, corre agora sem parar até suas fronteiras, nas quais malogra seu otimismo escondido na essência da lógica. Pois a periferia do círculo da ciência tem um número infinito de pontos, e enquanto ainda não se enxerga de modo algum como o círculo pudesse ser alguma vez medido por inteiro, o homem nobre e talentoso, ainda antes da metade de sua existência e de modo inevitável, topa com tais pontos limítrofes da periferia, onde fita o inelucidável. Quando aí vê, para seu sobressalto, como nessas fronteiras a lógica se enrodilha em torno de si mesma e, por fim, morde a cauda[202] – aí irrompe a nova forma do conhecimento, *o conhecimento trágico*, que, para apenas ser suportado, precisa da arte como proteção e remédio.

---

201. A maiêutica (em sentido próprio, arte ou ciência do parto) é abordada no diálogo platônico *Teeteto* (149a--151d). Trata-se do método de ensino de Sócrates: fazendo sucessivas perguntas a seus interlocutores, ele os leva a "parir" suas ideias.

202. A imagem da serpente que morde a própria cauda (ou uróboro, símbolo alquímico medieval da eternidade) é uma alusão à ideia de Hegel de uma autofundamentação absoluta do saber (divino): este produziria, como resultado do próprio processo do espírito, os pressupostos a partir dos quais se fundamenta. Ver também Aristóteles, *Metafísica*, 1072b 19-20: "A si mesmo pensa o espírito ao apreender o pensável".

Se, com olhos fortalecidos e, graças à contemplação dos gregos, revigorados, olharmos para as esferas mais altas desse mundo que nos circunda, veremos que a avidez do conhecimento otimista insaciável que aparece exemplarmente em Sócrates transformou-se em resignação e necessidade artística trágicas: ao passo que a mesma avidez, no entanto, em seus níveis mais baixos, tem de se manifestar hostilmente à arte e, sobretudo, abominar profundamente a arte trágico-dionisíaca, tal como isso se apresentou de modo exemplar na luta do socratismo contra a tragédia esquiliana.

Aqui batemos agora, de ânimo comovido, nos portões do presente e do futuro: levará aquela "transformação" a configurações sempre novas do gênio, e precisamente do *Sócrates dedicado à música*? Será a rede da arte que se estende sobre a existência, mesmo que sob o nome de religião ou de ciência, tecida com firmeza e delicadeza cada vez maiores, ou estará ela destinada a rasgar-se em fiapos, em meio à agitação e ao turbilhão inquietamente bárbaros que agora se denominam "o presente"? – Preocupados, mas não desolados, ficamos por um breve momento à parte, como os contempladores a quem é permitido testemunhar aquelas imensas lutas e transições. Ah! O fascínio dessas lutas é que quem as olha também tem de lutá-las!

16.

Com esse exemplo histórico apresentado, buscamos tornar claro de que modo a tragédia sucumbe em razão do desvanecimento do espírito da música com a mesma segurança como só pode nascer desse espírito. Para atenuar o que há de inusual nessa afirmação e, por outro lado, mostrar a origem desse nosso conhecimento, temos agora de colocar-nos, com a vista desimpedida, diante dos fenômenos análogos do presente; temos de entrar no meio daquelas lutas que, como acabei de dizer, são travadas entre o conhecimento otimista insaciável e a necessidade artística trágica nas mais altas esferas de nosso mundo de hoje. Nisso, quero deixar de lado todos os outros impulsos adversários que, em qualquer época, contrapõem-se à arte e precisamente à tragédia, e que também no presente se alastram seguros da vitória na medida em que, dentre as artes teatrais, por exemplo, somente a farsa e o balé desabrocham suas flores, que talvez não cheirem bem para todo mundo, num vicejar em certa medida exuberante. Quero falar apenas da *mais insigne oposição* à consideração trágica do mundo, e com isso me refiro à ciência, otimista em sua essência mais profunda, com seu ancestral Sócrates à frente. Logo em seguida, também deverão ser chamadas pelo nome as potências que, para mim, parecem garantir *um renascimento da tragédia* – e algumas outras ditosas esperanças para o ser alemão!

Antes de nos lançarmos no meio dessas lutas, vistamos a armadura de nossos conhecimentos conquistados até aqui. Ao contrário de todos aqueles que estão empenhados em derivar as artes de um único princípio como a fonte vital necessária de toda obra de arte, mantenho o olhar fixo naquelas duas divindades artísticas dos gregos, Apolo e Dioniso, e reconheço neles os representantes vivos e evidentes de *dois* mundos artísticos distintos em sua mais profunda essência e suas mais altas metas. Apolo se encontra diante de mim como o gênio transfigurador do *principium individuationis*, pelo qual, tão somente, pode ser verdadeiramente alcançada a salvação na aparência: ao passo que o feitiço da individuação se quebra com o místico grito jubiloso de Dioniso e abre-se o caminho rumo às mães do ser,[203] ao mais profundo cerne das coisas. Essa imensa oposição, que se abre flagrantemente entre a arte plástica como a arte apolínea e a música como a arte dionisíaca, evidenciou-se a um único dos grandes pensadores na medida em que, mesmo sem aquela instrução do simbolismo helênico dos deuses, ele conferiu à música um caráter e uma origem distintos frente a todas as outras artes, pois ela não seria, como todas estas, cópia do fenômeno, e sim, de modo direto, cópia da vontade mesma e, portanto, apresentaria *o metafísico de tudo o que é físico no mundo*, a coisa em si de tudo o que é fenômeno (Schopenhauer, *O mundo como vontade e representação*, v. 1, livro 3, § 52). Sobre esse importantíssimo conhecimento para toda a estética, com o qual, tomada num sentido mais sério, a estética apenas começa, Richard Wagner, como reforço de sua eterna verdade, estampou o seu sinete ao constatar, no *Beethoven*,[204]

203. A expressão "mães" alude a Goethe, *Fausto II*, ato I, "Galeria sombria" e "Salão dos cavaleiros", versos 6427-36.

204. Paráfrase de um trecho do escrito comemorativo *Beethoven*. In: *Gesammelte Schriften und Dichtungen* [Escritos e obras poéticas coligidos], Leipzig, 1907, v. 9, p. 66.

que a música tem de ser avaliada segundo princípios estéticos inteiramente diferentes de todas as artes visuais e de forma alguma pela categoria da beleza: embora uma estética equivocada, levada pela mão de uma arte desencaminhada e degenerada, tenha se habituado, a partir daquele conceito de beleza vigente no mundo das artes plásticas, a exigir da música um efeito semelhante ao das obras das artes plásticas, a saber, a excitação *do agrado com belas formas*. Após reconhecer aquela imensa oposição, senti uma forte necessidade de aproximar-me da essência da tragédia grega e, assim, da mais profunda revelação do gênio helênico: pois somente então, indo além da fraseologia de nossa estética usual, acreditei dar conta da mágica de colocar diante de minha alma, em carne e osso, o problema primordial que é a tragédia: o que me proporcionou lançar um olhar tão surpreendentemente peculiar ao âmbito helênico que me pareceu que nossa ciência helênico-clássica, que tão orgulhosamente se porta, tivesse sabido até agora, no principal, deleitar-se apenas com jogos de sombras e exterioridades.

Talvez pudéssemos tocar aquele problema primordial com esta pergunta: que efeito estético surge quando aquelas potências artísticas do apolíneo e do dionisíaco, em si separadas, entram em ação lado a lado? Ou, de forma mais concisa: como a música se relaciona com a imagem e o conceito? – Schopenhauer, a quem Richard Wagner elogia por suas insuperáveis clareza e transparência de exposição precisamente quanto a esse ponto, manifesta-se da forma mais pormenorizada a respeito no seguinte trecho, que reproduzirei aqui em toda a sua extensão. *O mundo como vontade e representação*, v. 1, livro 3, § 52: "Em consequência de tudo isso, podemos considerar o mundo fenomênico, ou a natureza, e a música como duas expressões diferentes da mesma coisa, que é ela própria, assim, o único elemento mediador da analogia entre ambos e cujo conhecimento é exigido para compreender essa analogia. Quando vista como expressão do mundo, a música é, portanto, uma linguagem universal em altíssimo grau, que inclusive está para a universalidade dos conceitos mais ou menos como estes estão para as coisas particulares. No entanto, sua universalidade não é de forma alguma aquela universalidade vazia da abstração, mas de tipo inteiramente diverso e ligada a uma precisão plena e clara. Nisso ela se assemelha às figuras geométricas e aos números, que, como formas universais de todos os objetos possíveis da experiência e aplicáveis a todos *a priori*, não são, contudo, determinados abstratamente, e sim de modo intuitivo e geral. Todos os possíveis anseios, excitações e manifestações da vontade, todos aqueles processos no íntimo do ser humano, que a razão joga no conceito amplo e negativo de sentimento, podem ser expressos pelo número infinito de melodias possíveis, mas sempre na universalidade da mera forma, sem a substância, sempre segundo o em si, não segundo o fenômeno, como a alma mais íntima deles, por assim dizer, sem corpo. A partir dessa relação intrínseca que a música tem com a verdadeira essência de todas as coisas também se pode explicar que, ao soar uma música apropriada acompanhando uma cena, uma ação, um acontecimento ou um ambiente qualquer, ela nos pareça revelar o sentido mais secreto deles, surgindo como o mais acertado e mais claro comentário a respeito; da mesma forma, que, a alguém que se entregue inteiramente à impressão de uma sinfonia, pareça-lhe ver todos os possíveis eventos da vida e do mundo desfilando diante dele: no entanto, quando reflete a respeito, ele não consegue indicar qualquer semelhança entre aquela peça musical e as coisas que diante dele pairavam. Pois a música, como foi dito, difere de todas as outras artes pelo fato de não ser cópia do fenômeno, ou, mais exatamente, da adequada objetidade[205] da vontade, e sim, de modo direto, cópia da vontade mesma e, portanto, apresentar o metafísico de tudo o que é físico no mundo, a coisa em si de tudo o que é fenômeno. Por conseguinte, poderíamos chamar o mundo tanto de música corporificada quanto de vontade corporificada: daí, portanto, ser possível explicar por que a música ressalte de imediato com uma significação mais elevada toda pintura e inclusive toda cena da vida real e do mundo; tanto mais, por certo, quanto mais sua melodia for análoga ao espírito intrínseco do fenômeno dado. É com base nisso que se pode musicar um poema como canção, ou uma apresentação imagética como pantomima ou ambos como ópera. Tais imagens isoladas da vida humana, colocadas na linguagem universal da música, jamais estão ligadas a ela ou lhe correspondem com plena necessidade,

---

205. Isto é, qualidade ou condição de objeto; em alemão, *Objektität*.

mas encontram-se com ela apenas na relação de um exemplo qualquer com um conceito universal: elas representam com a definição própria da realidade aquilo que a música declara na universalidade da mera forma. Pois as melodias são, de certa maneira, tal como os conceitos universais, uma abstração da realidade. É que esta, ou seja, o mundo das coisas particulares, proporciona o intuitivo, o singular e o individual, o caso particular, tanto para a universalidade dos conceitos quanto para a universalidade das melodias, universalidades que, no entanto, são em certo aspecto opostas; pois os conceitos contêm apenas as formas abstraídas em primeiríssimo lugar da intuição, como que a casca externa removida das coisas, sendo, portanto, abstrações no sentido mais próprio; a música, em contrapartida, proporciona o cerne mais íntimo que precede toda configuração, ou o coração das coisas. Essa relação poderia ser expressa muito bem na linguagem dos escolásticos dizendo-se: os conceitos são os *universalia post rem*, mas a música proporciona os *universalia ante rem*, e a realidade, os *universalia in re*.[206] [...] Entretanto, o fato de ser

206. Universais após a coisa, antes da coisa, na coisa. Esses termos definem as três posições adotadas na chamada "querela dos universais", problema dominante na filosofia medieval. São conceitos universais, por exemplo, "gênero" e "espécie"; assim, "o homem" é a espécie da qual cada ser humano como indivíduo faz parte. Como entidade abstrata e geral, o universal se opõe aos particulares, as entidades concretas e singulares. A questão que se colocava na Idade Média era a do status ontológico dos universais, ou seja, qual a sua forma peculiar de "existência". Distinguiam-se (cont.)

realmente possível uma relação entre uma composição e uma exposição imagética repousa, como foi dito, no fato de ambas serem apenas expressões completamente diferentes da mesma essência intrínseca do mundo. Quando, no caso particular, tal relação efetivamente existe, ou seja, quando o compositor soube expressar na linguagem universal da música as manifestações da vontade que constituem o cerne de um acontecimento, então a melodia da canção, a música da ópera é expressiva. Porém, a analogia encontrada pelo compositor entre ambas precisa ter se produzido a partir do conhecimento imediato da essência do mundo, de modo inconsciente para sua razão, e não pode ser imitação com intencionalidade consciente, mediada por conceitos: caso contrário, a música não exprime a essência íntima, a vontade mesma, mas apenas imita insatisfatoriamente seu fenômeno, como o faz toda a música autenticamente imitativa [...]". –

Compreendemos a música, portanto, segundo a doutrina de Schopenhauer, como a linguagem da vontade, de modo direto, e sentimos nossa fantasia estimulada a dar forma àquele mundo de espíritos que nos fala, invisível e, contudo, tão vivamente agitado, e a corporificá-lo num exemplo análogo. Por outro lado, sob a influência de uma música verdadeiramente

---

(cont.) aí três correntes: para o realismo, os universais realmente existem e sua existência precede a existência das coisas (*universalia ante rem*); para o nominalismo, os universais não são reais, mas se encontram depois das coisas (*universalia post rem*); para o realismo moderado, por fim, os universais realmente existem, mas têm seu fundamento nas coisas (*universalia in re*).

correspondente, a imagem e o conceito adquirem uma significação mais elevada. Assim, a arte dionisíaca costuma exercer dois tipos de efeitos sobre a faculdade artística apolínea: a música incita ao *intuir alegórico* da universalidade dionisíaca e, além disso, faz com que a imagem alegórica se ressalte *numa significação mais elevada*. A partir desses fatos, compreensíveis em si mesmos e não inacessíveis a uma observação mais profunda, depreendo a capacidade da música para dar à luz *ao mito*, isto é, o mais significativo exemplo, e precisamente o mito *trágico*: o mito que, por alegorias, fala do conhecimento dionisíaco. A propósito do fenômeno do poeta lírico, expus como a música luta nele para se manifestar em imagens apolíneas acerca da essência dela: se imaginarmos agora que a música, em sua máxima intensificação, também precise tentar atingir uma máxima transposição em imagens, então temos de considerar possível que ela também saiba encontrar a expressão simbólica para sua genuína sabedoria dionisíaca; e onde mais poderíamos buscar essa expressão a não ser na tragédia e sobretudo no conceito do *trágico*?

O trágico não pode ser honestamente derivado de modo algum da essência da arte tal como esta é usualmente compreendida, segundo a categoria única da aparência e da beleza; apenas a partir do espírito da música compreendemos uma alegria com a aniquilação do indivíduo. Pois nos exemplos particulares de tal aniquilação, tão somente, torna-se claro para nós o eterno fenômeno da arte dionisíaca, que expressa a vontade em sua onipotência como que por detrás do *principium individuationis*, a vida eterna além de todo fenômeno e apesar de toda aniquilação. A alegria metafísica com o trágico é uma tradução da sabedoria dionisíaca instintivamente inconsciente para o idioma da imagem: o herói, o máximo fenômeno da vontade, é negado para nosso prazer porque, afinal, é apenas fenômeno, e a vida eterna da vontade não é tocada por sua aniquilação. "Acreditamos na vida eterna", brada a tragédia; ao passo que a música é a ideia imediata dessa vida. A arte do artista plástico tem uma meta completamente diferente: nela Apolo supera o sofrimento do indivíduo mediante a luminosa glorificação da *eternidade do fenômeno*, nela a beleza triunfa sobre o sofrimento inerente à vida, a dor é, em certo sentido, eliminada mentirosamente dos traços da natureza. Na arte dionisíaca e em seu simbolismo trágico, a mesma natureza nos dirige a palavra com sua voz verdadeira, indisfarçada: "Sede como sou! A mãe primordial eternamente criadora em meio ao cambiar incessante dos fenômenos, compelindo eternamente à existência, contentando-se eternamente com esse cambiar dos fenômenos!".

17.

Também a arte dionisíaca quer nos persuadir do eterno prazer da existência: só que não devemos buscar esse prazer nos fenômenos, mas por trás dos fenômenos. Devemos reconhecer como tudo o que surge tem de estar pronto para o doloroso soçobro, somos compelidos a lançar um olhar aos pavores da existência individual – e, contudo, sem nos paralisarmos: uma consolação metafísica nos arranca momentaneamente da azáfama das formas mutáveis. Somos realmente, por breves instantes, o próprio ser primordial e sentimos sua indomável voracidade de existir e seu indomável prazer de existir; a luta, o tormento, a aniquilação dos fenômenos parecem-nos então necessários, dada a demasia das inumeráveis formas de existência que se apinham e se empurram para dentro da vida, dada a transbordante fertilidade da vontade do mundo; somos trespassados pelo furioso aguilhão desses tormentos no mesmo instante em que, por assim dizer, nos tornamos um só com o imensurável prazer primordial com a existência e em que pressentimos, em arrebatamento dionisíaco, a indestrutibilidade e a eternidade desse prazer. Apesar do medo e da compaixão, somos os felizes viventes, não como indivíduos, e sim como o *único* vivente, com cujo prazer em gerar nos fundimos.

A gênese da tragédia grega nos diz agora com certeza resplandecente como a obra de arte trágica dos gregos realmente nasceu do espírito da música: pensamento graças ao qual acreditamos ter feito justiça, pela primeira vez, ao sentido original e tão surpreendente do coro. Ao mesmo tempo, no entanto, temos de admitir que a significação do mito trágico, antes enunciada, jamais se tornou transparente, com clareza conceitual, aos poetas gregos, muito menos aos filósofos gregos; seus heróis falam, em certa medida, mais superficialmente do que agem; o mito não encontra de forma alguma sua objetivação adequada na palavra dita. A estrutura das cenas e as imagens claras revelam uma sabedoria mais profunda do que o próprio poeta é capaz de colocar em palavras e conceitos: o mesmo que também se observa em Shakespeare, cujo Hamlet, por exemplo, fala, num sentido semelhante, mais superficialmente do que age, de modo que aquele ensinamento hamletiano anteriormente mencionado[207] não pode ser inferido das palavras, e sim da aprofundada contemplação e visão abrangente do todo. Quanto à tragédia grega, que por certo só encontramos como drama em palavras, sugeri inclusive que aquela incongruência entre mito e palavra poderia facilmente nos induzir a considerá-la mais rasa e insignificante do que ela é e, por conseguinte, também pressupor que seu efeito tenha sido mais superficial do que deve ter sido segundo os testemunhos dos antigos: pois como é fácil esquecer que aquilo que o poeta das palavras não conseguiu, atingir a espiritualização e a idealidade supremas do mito, poderia ser por ele conseguido a qualquer momento como músico criativo! Nós sem dúvida temos de reconstruir a superioridade do efeito musical quase por via erudita para sentir algo daquela incomparável consolação que tem de ser própria da verdadeira tragédia. Mesmo essa superioridade musical, porém, apenas a teríamos sentido como tal se fôssemos gregos: ao passo que em todo o desenvolvimento da música grega – tão infinitamente mais rica em comparação com a que conhecemos e nos é familiar – acreditamos ouvir apenas a canção juvenil do gênio musical, entoada com tímido sentimento de

207. Ver capítulo 7, p. 86.

força. Os gregos, como dizem os sacerdotes egípcios, são as eternas crianças,[208] e mesmo na arte trágica, apenas crianças que não sabem que sublime brinquedo formou-se em suas mãos e – é despedaçado.

Aquela luta do espírito da música para conseguir a revelação imagética e mítica, que se intensifica dos primórdios da poesia lírica até a tragédia ática, interrompe-se de súbito depois de mal ter conquistado um desenvolvimento exuberante e desaparece, por assim dizer, da superfície da arte helênica: ao passo que a consideração dionisíaca do mundo, nascida dessa luta, continua a viver nos mistérios, não cessando, nas mais prodigiosas metamorfoses e degenerações, de atrair para si as naturezas mais sérias. Será que um dia ela não emergirá outra vez de suas profundezas místicas como arte?

Ocupa-nos aqui a questão de saber se a potência cuja oposição levou a tragédia a quebrar-se terá para sempre força suficiente capaz de impedir o renascer artístico da tragédia e da consideração trágica do mundo. Se a tragédia antiga foi tirada de seus trilhos pelo impulso dialético ao saber e ao otimismo da ciência, caberia inferir desse fato uma luta eterna entre *a consideração teórica do mundo* e *a trágica*; e somente depois que o espírito da ciência fosse levado até suas fronteiras, e sua pretensão de validade universal fosse

208. No *Timeu* (22b), de Platão, um vetusto sacerdote egípcio diz ao estadista grego Sólon, o mais sábio dos sete sábios, que os gregos seriam sempre crianças, pois seu saber e sua sabedoria não repousariam em tradições antigas como as dos egípcios.

aniquilada pela demonstração dessas fronteiras, seria lícito esperar um renascimento da tragédia: uma forma cultural para a qual teríamos de propor o símbolo do *Sócrates dedicado à música*, no sentido anteriormente discutido. Nessa contraposição, entendo por espírito da ciência aquela crença, vinda à luz pela primeira vez na pessoa de Sócrates, na sondabilidade da natureza e na força curativa universal do saber.

Quem se recordar das consequências mais imediatas desse espírito da ciência, a seguir sem descanso em seu avanço penetrante, logo terá presente como o *mito* foi por ele aniquilado e como, devido a essa aniquilação, a poesia foi expulsa de seu terreno natural e ideal, estando sem pátria desde então. Se com razão tivermos atribuído à música a força de poder novamente dar à luz ao mito, então também teremos de procurar o espírito da ciência na via em que ele se contrapõe hostilmente a essa força criadora de mitos própria da música. Isso ocorreu no desenvolvimento do *novo ditirambo ático*, cuja música não expressava mais a essência intrínseca, a própria vontade, mas apenas reproduzia insatisfatoriamente o fenômeno, numa imitação mediada por conceitos: música intrinsecamente degenerada da qual as naturezas verdadeiramente musicais se afastavam com a mesma repugnância que tinham em relação à tendência articida de Sócrates. O instinto certeiro de Aristófanes sem dúvida apreendeu o correto estado de coisas ao reunir o próprio Sócrates, a tragédia de Eurípides e a música dos novos ditirambistas no mesmo sentimento de ódio, farejando nos três fenômenos os indícios de uma cultura degenerada.[209] Graças a esse novo ditirambo, a música foi sacrilegamente transformada em retrato imitatório do fenômeno – por exemplo, de uma batalha, uma tempestade marítima – e, assim, por certo inteiramente despojada de sua força criadora de mitos. Pois se ela busca excitar nosso deleite apenas ao nos obrigar a buscar analogias exteriores entre um evento da vida e da natureza e certas figuras rítmicas e sons característicos da música, se nosso entendimento deve se satisfazer com o conhecimento dessas analogias, então somos degradados a um estado de espírito em que uma geração do mítico se torna impossível; pois o mito quer ser percebido imageticamente como um exemplo único de uma universalidade e uma verdade que fitam o infinito. Defrontamo-nos com a música verdadeiramente dionisíaca como um tal espelho uni-

209. Sócrates, Eurípides e o novo ditirambo foram alvos de Aristófanes nas comédias *As nuvens*, *As rãs* e *As aves*, respectivamente. O termo "degeneração" esteve bastante em voga na segunda metade do século XIX, tendo se originado no âmbito da psiquiatria; ver as obras do psiquiatra francês Bénédict Augustin Morel (*Traité des dégénérescences physiques, intellectuelles et morales de l'espèce humaine et de ses causes qui produisent ces variétés maladives*, 1857) e do médico francês Jacques-Joseph Moreau (*La psychologie morbide dans ses rapports avec la philosophie de l'histoire ou de l'influence des névropathies sur le dynamisme intellectuel*, 1859). Igualmente relevante nesse contexto é a obra *Entartung* [Degeneração], publicada em 1892 e 1893 em dois volumes, do médico, jornalista e crítico da cultura Max Nordau, na qual qualifica de degeneradas a arte e a cultura modernas, juízo em que inclui o próprio Nietzsche.

versal da vontade do mundo: aquele evento imagético que se reflete nesse espelho amplia-se de imediato para nosso sentimento à categoria de cópia de uma verdade eterna. De maneira inversa, semelhante evento imagético é despojado imediatamente de qualquer caráter mítico pela pintura sonora do novo ditirambo; então a música se tornou uma cópia indigente do fenômeno e, por isso, infinitamente mais pobre do que o próprio fenômeno: pobreza pela qual ela ainda rebaixa, para a nossa sensibilidade, o próprio fenômeno, de maneira que agora, por exemplo, semelhante batalha musicalmente imitada se esgota em ruídos de marcha, sons de sinalização etc., e nossa fantasia é mantida presa justamente por essas superficialidades. A pintura sonora, portanto, é, sob todos os aspectos, o oposto da força criadora de mitos própria da verdadeira música: por meio dela, o fenômeno se torna ainda mais pobre do que é, ao passo que mediante a música dionisíaca o fenômeno isolado se enriquece e se amplia à categoria de imagem do mundo. Foi uma imponente vitória do espírito não dionisíaco, no desenvolvimento do novo ditirambo, alhear a música de si mesma e rebaixá-la à escrava do fenômeno. Eurípides, que, num sentido mais excelso, tem de ser chamado de uma natureza absolutamente não musical, é, por essa mesmíssima razão, adepto apaixonado da nova música ditirâmbica, empregando todas as peças de efeito e todos os maneirismos dela com a generosidade de um bandoleiro.

Sob outro aspecto, vemos em atividade a força desse espírito não dionisíaco, voltado contra o mito, quando dirigimos nossos olhares ao predomínio da *representação de caracteres* e do refinamento psicológico na tragédia a partir de Sófocles.[210] O caráter não deve mais ser ampliável à categoria de tipo eterno, mas, pelo contrário, produzir um efeito tão individual, graças a traços artísticos secundários e nuances, graças à finíssima precisão de todas as linhas, que o espectador absolutamente não perceba mais o mito, e sim a poderosa verdade da natureza e a força imitativa do artista. Também aí observamos a vitória do fenômeno sobre o universal e o prazer com o preparado anatômico particular, por assim dizer; já respiramos o ar de um mundo teórico para o qual mais vale o conhecimento científico do que o reflexo artístico de uma regra do mundo. O movimento sobre a linha do característico avança depressa: ao passo que Sófocles ainda pinta caracteres inteiros e submete o mito ao jugo para desenvolvê-los de modo refinado, Eurípides já pinta apenas grandes traços isolados de caráter, que sabem se expressar por meio de violentas paixões; na nova comédia ática há apenas máscaras com *uma* expressão: velhos levianos, rufiões enganados, escravos ladinos em repetição incansável. Onde

---

210. A predileção literária por caracteres e pelo característico alcançou seu apogeu na Antiguidade no século IV a.C. nas éticas de Aristóteles e em um discípulo deste, Teofrasto (c. 369-288 a.C.), cuja principal obra se intitula precisamente *Caracteres*. Trata-se de uma coletânea de trinta retratos sucintos de caracteres típicos: o bajulador, o tagarela, o campônio, o coquete, o boateiro, o despudorado, o mesquinho etc. Conforme Diógenes Laércio, Teofrasto foi mestre do comediógrafo Menandro, um dos expoentes da nova comédia.

foi parar agora o espírito formador de mitos, próprio da música? O que ainda resta agora da música ou é música excitadora, ou rememorativa, isto é, ou um estimulante para nervos embotados e consumidos, ou pintura sonora. No caso da primeira, mal ainda importa o texto musicado: já em Eurípides as coisas se passam de modo bastante desleixado quando seus heróis ou coros começam a cantar; aonde elas poderão ter ido parar com os seus atrevidos sucessores?

No entanto, é nos *desenlaces* dos dramas mais novos que se revela da mais nítida maneira o novo espírito não dionisíaco. Na tragédia antiga, sentia-se ao final a consolação metafísica, sem a qual absolutamente não se pode explicar o prazer sentido com a tragédia; é em *Édipo em Colono* que o som conciliador vindo de um outro mundo talvez ressoe mais puramente. Agora, quando o gênio da música escapa da tragédia, esta, em sentido estrito, está morta: pois de onde se poderia extrair agora aquela consolação metafísica? Por isso, buscou-se uma solução terrena para a dissonância trágica; o herói, depois de suficientemente supliciado pelo destino, colhia, com um casamento pomposo, com homenagens divinas, uma muito merecida recompensa. O herói tornara-se gladiador, a quem vez por outra se concedia a liberdade depois de ter sido maltratado a valer e ficar recoberto de feridas. O *deus ex machina* tomou o lugar da consolação metafísica. Não quero dizer que a consideração trágica do mundo tenha sido destruída por toda parte e por inteiro pelo espírito afluente do não dionisíaco: sabemos apenas que, saindo da arte, ela teve de se refugiar nos infernos, por assim dizer, em uma degeneração à categoria de culto secreto. Porém, na amplíssima região da superfície do ser helênico raivava o sopro devorador daquele espírito que se manifesta naquela forma de "serenidade grega" da qual já se falou antes como sendo um prazer de existir senilmente improdutivo; essa serenidade é uma antítese à majestosa "ingenuidade" dos gregos mais antigos, tal como cabe compreendê-la, segundo a caracterização dada, como a flor da cultura apolínea que cresce emergindo de um abismo sombrio, como a vitória que a vontade helênica, graças a seu reflexo da beleza, celebra sobre o sofrimento e a sabedoria do sofrimento. A forma mais nobre daquela outra forma de "serenidade grega", a alexandrina, é a serenidade *do homem teórico*: ela mostra os mesmos traços característicos que derivei há pouco do espírito do não dionisíaco – o fato de combater a sabedoria e a arte dionisíacas; o fato de buscar a dissolução do mito; o fato de colocar, no lugar de uma consolação metafísica, uma consonância terrena e inclusive um *deus ex machina* próprio, a saber, o deus das máquinas e dos cadinhos,[211] isto é, as forças dos espíritos naturais, reconhecidas e empregadas a serviço do egoísmo superior; o fato de acreditar numa correção do mundo pelo saber, numa vida guiada pela ciência e de também ser realmente capaz de cativar o ser humano individual num círculo estreitíssimo de tarefas solucionáveis,

211. O cadinho é a parte inferior do alto-forno, na qual fica o metal fundido, separado da escória. Trata-se de uma alusão às fundições de ferro e aço que, juntamente com a extração de carvão e o transporte ferroviário (e as máquinas em geral), constituíam o fundamento da Revolução Industrial.

dentro do qual ele diz serenamente à vida: "Quero-te: és digna de ser conhecida".

18.

É um fenômeno eterno: a ávida vontade sempre encontra um meio de manter suas criaturas presas à vida e obrigá-las a continuar vivendo graças a uma ilusão estendida sobre as coisas. Este é cativado pelo prazer socrático do conhecimento e pelo delírio de conseguir curar por meio dele a eterna ferida da existência; aquele é enredado pelo sedutor véu de beleza da arte que flutua diante de seus olhos; aquele outro, por sua vez, pela consolação metafísica de que a vida eterna continua a fluir indestrutivelmente sob o torvelinho dos fenômenos: para não falar das ilusões mais vulgares e quase mais enérgicas ainda que a vontade tem à disposição a todo instante. Esses três estágios de ilusão são, de fato, apenas para as naturezas mais nobremente dotadas, que sentem o fardo e o peso da existência em geral com um desprazer mais profundo e que podem ser ludibriadas em relação a esse desprazer graças a estimulantes selecionados. Tudo o que chamamos de cultura é formado por esses estimulantes: conforme a proporção das misturas, temos uma cultura predominantemente *socrática*, ou *artística*, ou *trágica*: ou, caso se queira admitir exemplificações históricas: ou há uma cultura alexandrina, ou helênica, ou budista.[212]

---

212. A cidade egípcia de Alexandria, fundada em 331 a.C. por Alexandre, o Grande (356-323 a.C.), rei da Macedônia, após ter conquistado o Egito, foi um centro de (cont.)

Todo o nosso mundo moderno está enleado na rede da cultura alexandrina e conhece como ideal o *homem teórico* dotado de faculdades cognitivas superiores e trabalhando a serviço da ciência,[213] cujo modelo e antepassado é Sócrates. Todos os nossos recursos educativos têm originalmente esse ideal em vista: qualquer outra existência precisa lutar arduamente para erguer-se a seu lado como existência permitida, não como existência tencionada. Num sentido quase apavorante, o homem cultivado foi encontrado aqui por longo tempo apenas sob a forma do erudito; mesmo nossas artes poéticas tiveram de se desenvolver a partir de imitações eruditas,[214] e no

---

(cont.) conhecimento, célebre por sua biblioteca. A ideia de uma "cultura alexandrina", que seria marcada pela esterilidade, decorre de uma comparação com a cultura helênica em sua grande época (século V a.C.): os inúmeros estudiosos em atividade em Alexandria não teriam alcançado o nível de criatividade dos gregos. A ideia de uma "cultura budista" segue a exposição de Schopenhauer acerca do budismo em *O mundo como vontade e representação*, v. 1, livro 4, cap. 68 e v. 2, livro 4, cap. 48, "Sobre a doutrina da negação da vontade de viver".

213. O conceito de ciência de Nietzsche não inclui aqui os grandes progressos nas ciências naturais, na medicina e na técnica ocorridos no século XIX, mas limita-se à esfera de uma cultura historicizante como a que abordará na segunda de suas *Considerações extemporâneas*, "Da utilidade e da desvantagem da história para a vida", de 1874.

214. Com "imitações eruditas" Nietzsche refere-se à poesia pré-moderna dos humanistas e à doutrina poética fundada por Martin Opitz com o seu *Buch von der Deutschen Poeterey* [Livro da poesia alemã], de 1624. Nietzsche (cont.)

efeito capital da rima ainda reconhecemos a origem de nossa forma poética a partir de experimentos artificiais com uma língua não nativa, genuinamente erudita.[215] Quão incompreensível teria de parecer a um autêntico grego o moderno e em si compreensível homem de cultura que é *Fausto*, ele que se precipita, insatisfeito, por todas as faculdades, que, por impulso de saber, se entrega à magia e ao Diabo, e que apenas precisamos colocar numa comparação ao lado de Sócrates para reconhecer que o homem moderno começa a pressentir as fronteiras daquele prazer socrático com o conhecimento e, do vasto e vazio mar do saber, anseia por uma costa. Quando Goethe disse certa vez a Eckermann, em relação a Napoleão: "Sim, meu caro, também há uma produtividade dos atos",[216] ele recordou, de modo encantadoramente ingênuo, que o homem não teórico é algo incrível e espantoso para o homem moderno, de maneira que se requer de novo a sabedoria de um Goethe para achar compreensível e mesmo perdoável uma forma de existência que suscita tanta estranheza.

E agora não devemos ocultar a nós mesmos o que se esconde no seio dessa cultura socrática! O otimis-

---

(cont.) desconsidera a poesia medieval alemã, que não se desenvolveu a partir de tais imitações.

215. O latim. A rima não era conhecida na poesia grega nem na romana, surgindo pela primeira vez nos hinos cristãos da Antiguidade tardia.

216. Johann Peter Eckermann, *Gespräche mit Goethe in den letzten Jahren seines Lebens* [Conversas com Goethe nos últimos anos de sua vida], 11 de março de 1828.

mo, que se julga irrestrito! Agora não devemos nos apavorar se os frutos desse otimismo amadurecem, se a sociedade, fermentada por semelhante cultura até seus mais baixos estratos, estremece pouco a pouco em meio a profusas efervescências e cobiças, se a crença na felicidade terrena de todos,[217] se a crença na possibilidade de uma tal cultura universal do saber se converte pouco a pouco na reivindicação ameaçadora de uma tal felicidade terrena alexandrina, na invocação de um *deus ex machina* euripidiano! Cabe não esquecer isto: a cultura alexandrina precisa de uma classe de escravos para poder existir de modo duradouro:[218] mas, em sua consideração otimista da existência, ela nega a necessidade de tal classe e, por isso, uma vez que tenha se dissipado o efeito de suas belas palavras de sedução e de apaziguamento sobre a "dignidade do ser humano" e a "dignidade do trabalho", vai pouco a pouco de encontro a uma horrenda aniquilação. Não há nada mais terrível do que uma classe bárbara de escravos que tenha aprendido a considerar sua existência como uma injustiça e se disponha a vingar-se não apenas por si mesma, mas por todas as gerações. Quem ousará, frente a tais tempestades iminentes, apelar com ânimo seguro a nossas

217. Uma aspiração do Iluminismo e dos movimentos sociais do século XIX, também apresentada por pensadores como John Stuart Mill em sua obra *Utilitarismo*, de 1863.

218. Ao defender a escravidão – de maneira tão antimoderna e tão contrária a seu mestre, Schopenhauer –, Nietzsche tem em mente o que ela teria possibilitado na Antiguidade: a liberdade e o ócio de uma minoria, que pôde então se dedicar integralmente à "cultura".

pálidas e cansadas religiões, que mesmo em seus fundamentos degeneraram em religiões de eruditos: de maneira que o mito, o pressuposto necessário de toda religião, já se encontra tolhido por toda parte e mesmo nesse âmbito tenha passado a imperar aquele espírito otimista que há pouco caracterizamos como o germe da aniquilação de nossa sociedade.

Enquanto a calamidade dormitante no seio da cultura teórica começa pouco a pouco a amedrontar o homem moderno, e ele, inquieto, busca no patrimônio de suas experiências por meios para rechaçar o perigo, sem que ele mesmo acredite verdadeiramente nesses meios; enquanto, pois, ele começa a pressentir as suas próprias consequências: grandes naturezas, com inclinações universais, souberam, com uma ponderação inacreditável, aproveitar os instrumentos da própria ciência para demonstrar as fronteiras e a condicionalidade do conhecimento em geral, e, assim, negar decisivamente a pretensão da ciência à validade universal e a objetivos universais: demonstração em que, pela primeira vez, se reconheceu como tal aquela ideia delirante que, com base na causalidade, arroga-se a capacidade de sondar a essência mais profunda das coisas. A valentia e a sabedoria descomunais de *Kant* e de *Schopenhauer* obtiveram a mais difícil vitória, a vitória sobre o otimismo que se acha oculto na essência da lógica, otimismo que, por sua vez, é o fundamento de nossa cultura. Se tal otimismo, apoiado nas *aeternae veritates* [verdades eternas] para ele insuspeitas, acreditou na cognoscibilidade e na sondabilidade de todos os enigmas do mundo, tratando o espaço, o tempo e a causalidade como leis inteiramente incondicionais de validade universalíssima, Kant revelou como estas, na verdade, apenas serviam para elevar o mero fenômeno, a obra de maia, à categoria de única e suprema realidade e colocá-la no lugar da mais profunda e da verdadeira essência das coisas, tornando impossível o efetivo conhecimento dessa essência, quer dizer, segundo um dito de Schopenhauer, adormecendo o sonhador ainda mais firmemente (*O mundo como vontade e representação*, vol. 1, Apêndice: Crítica à filosofia kantiana). Com esse conhecimento, inaugura-se uma cultura que ouso designar de trágica: cujo traço mais importante é o fato de, no lugar da ciência, ser colocada como meta suprema a sabedoria, que, sem ser ludibriada pelas distrações sedutoras das ciências, volta-se com olhar impassível à imagem de conjunto do mundo e busca apreender nela o eterno sofrimento, com um sentimento simpático de amor, como sendo o seu próprio sofrimento. Imaginemos uma nova geração com essa impavidez do olhar, com esse traço heroico intensificado de modo descomunal, imaginemos o passo audaz desses matadores de dragões,[219] a orgulhosa ousadia com que voltam as costas a todas as doutrinas da debilidade próprias daquele otimismo para, de modo completo e pleno, "viver resolutamente":[220] não seria necessário que o homem trágico dessa cultura, em sua autoeducação para a seriedade e para o pavor, aspirasse a uma nova arte, a arte do consolo metafí-

219. Alusão a Siegfried, herói da ópera homônima de Wagner.
220. Goethe, *Poemas*, "Confissão geral", verso 35.

sico, a tragédia na qualidade de Helena que lhe cabe, e exclamasse com Fausto:

> E não deveria eu, força de imenso anelo,
> Trazer à vida a figura mais sem paralelo?[221]

Porém, depois que a cultura socrática foi abalada a partir de dois lados e só consegue ainda segurar o cetro de sua infalibilidade com mãos trêmulas, em primeiro lugar por medo de suas próprias consequências, que ela começa a pressentir gradativamente, e, além disso, porque ela mesma não está mais convencida, com a confiança ingênua de antes, da validade eterna de seu fundamento, é um triste espetáculo a maneira como a dança de seu pensamento sempre se precipita ansiosamente sobre novas figuras para abraçá-las e depois, de súbito, outra vez abandoná-las com arrepios tal como faz Mefistófeles com as sedutoras lâmias.[222] A marca daquela "ruptura" da qual todo mundo costuma falar como sendo o sofrimento primordial da cultura moderna é, afinal, o fato de o homem teórico assustar-se com suas próprias consequências e, insatisfeito, não mais ousar confiar-se à medonha torrente glacial da existência: medrosamente, ele corre de um lado para o outro em sua margem. Nada mais ele quer

---

221. Goethe, *Fausto II*, "Noite de Valpúrgis clássica", versos 7438-39.

222. Monstros míticos com cabeça e busto de mulher e corpo de serpente que, segundo a superstição popular grega, se alimentavam de homens e crianças. Ver Goethe, *Fausto II*, ato II, "Noite de Valpúrgis clássica", versos 7791-7800.

ter por inteiro, por inteiro também com toda a crueldade natural das coisas. A tal ponto o amimalhou a consideração otimista. Além disso, ele sente como tem de perecer uma cultura construída sobre o princípio da ciência quando ela começa a se tornar *ilógica*, isto é, a recuar frente a suas consequências. Nossa arte revela essa penúria geral: inútil apoiar-se imitativamente em todas as grandes épocas e naturezas produtivas, inútil reunir toda a "literatura universal"[223] em volta do homem moderno para seu consolo e postá-lo no meio dos estilos artísticos e artistas de todos os tempos para que ele lhes dê um nome como Adão o fez com os animais:[224] ele continua sendo, afinal, o eterno faminto, o "crítico" desanimado e débil, o homem alexandrino, que é no fundo bibliotecário e corretor, e torna-se miseravelmente cego devido à poeira dos livros e aos erros tipográficos.

19.

Não podemos definir mais precisamente o conteúdo mais recôndito dessa cultura socrática senão ao

---

223. Conceito que ganhou proeminência com Goethe. Em conversa com Eckermann de 31 de janeiro de 1827, ele diz: "Vejo cada vez mais [...] que a poesia é um bem comum da humanidade e que ela surge por toda parte e em todos os tempos em centenas e centenas de seres humanos [...] literatura nacional não quer dizer muito agora, chegou o momento da era da literatura universal, e todos têm de agir agora para que essa época chegue mais depressa".

224. Ver Gênesis, 2, 19-20.

chamá-la de *a cultura da ópera*: pois nesse âmbito essa cultura se expressou com ingenuidade peculiar acerca de seu querer e seu conhecer, para nossa admiração, quando comparamos a gênese da ópera e os fatos do desenvolvimento operístico com as verdades eternas do apolíneo e do dionisíaco. Recordo, em primeiro lugar, a origem do *stilo rappresentativo* e do recitativo.[225] Será crível que essa música da ópera, completamente superficializada, incapaz de devoção, pudesse ser acolhida e cultivada com aprovação entusiástica, por assim dizer como o renascimento de toda a verdadeira música, por uma época da qual há pouco se alçara a música indizivelmente sublime e sagrada de Palestrina?[226] E quem poderia, por outro lado, responsabilizar apenas a exuberância, ansiosa por distrações, daqueles círculos florentinos e a vaidade de seus cantores dramáticos pelo gosto para a ópera, que se difundiu de modo tão impetuoso? O fato de na mesma época, inclusive no mesmo povo, despertar, ao lado do edifício abobadado das harmonias palestrinianas, construído pelo labor de toda a Idade Média cristã, aquela paixão por um modo semimusical

---

225. A ópera foi criada em Florença, na Itália, por volta de 1600, como uma tentativa de ressuscitar a tragédia grega. Nesse novo gênero, a música se subordinava à palavra, pois se supunha que isso correspondia à prática musical dos gregos; nasceu assim o "estilo representativo", destinado a expressar com grande efeito os estados de espírito e os sentimentos dos protagonistas. O recitativo é um canto falado, solenemente declamado.

226. Giovanni Pierluigi da Palestrina (1525-1594): compositor sacro italiano.

de falar, eis algo que só consigo explicar-me por uma *tendência extra-artística* tomando parte na essência do recitativo.

O ouvinte que quer ouvir claramente a palavra em meio ao canto é atendido pelo cantor na medida em que este mais fala do que canta e intensifica a expressão patética da palavra nesse semicanto: mediante essa intensificação do *páthos* ele facilita a compreensão da palavra e supera aquela metade restante da música. O verdadeiro perigo que agora o ameaça é o de, num momento impróprio, conceder a preponderância à música, o que faria sucumbir de imediato o *páthos* da fala e a clareza da palavra: ao passo que, por outro lado, ele sempre sente o impulso para a descarga musical e para a apresentação virtuosística de sua voz. Aqui vem em seu auxílio o "poeta", que sabe lhe oferecer ocasiões suficientes para interjeições líricas, repetições de palavras e de sentenças etc.: trechos em que o cantor pode agora descansar no elemento puramente musical, sem consideração pela palavra. Essa alternância entre a fala insistente, plena de afetos, mas apenas meio cantada, e a interjeição plenamente cantada, que está na essência do *stilo rappresentativo*, esse esforço rapidamente alternante de agir ora sobre o conceito e a representação, ora sobre o fundamento musical do ouvinte, é algo tão completamente inatural e tão intrinsecamente contraditório, de igual maneira, em relação aos impulsos artísticos do dionisíaco e do apolíneo que temos de inferir uma origem do recitativo que se encontra fora de todos os instintos artísticos. Segundo essa descrição, cabe definir o recitativo como o misto das exposições épica e lírica, e, para ser mais exato, de modo algum a mistura intrinsecamente constante, que não podia ser alcançada no caso de coisas tão completamente díspares, mas a mais exterior conglutinação com feitio de mosaico, algo que não tem qualquer modelo no âmbito da natureza e da experiência. *Mas esta não era a opinião daqueles inventores do recitativo*: eles próprios acreditam, isto sim, e com eles a sua época, que por meio daquele *stilo rappresentativo* estava resolvido o mistério da música antiga, a partir do qual, tão somente, se poderia explicar o efeito descomunal de um Orfeu, um Anfíon[227] e mesmo da tragédia grega. O novo estilo era considerado o redespertar da música mais plena de efeito, a música grega antiga: foi possível, dada a concepção geral e inteiramente popular do mundo homérico *como o mundo primordial*, abandonar-se ao sonho de agora ter descido outra vez aos primórdios paradisíacos da humanidade, nos quais, necessariamente, também a música deveria ter tido aquela pureza, força e inocência insuperáveis acerca das quais os poetas, em suas pastorais,[228] sabiam narrar de modo tão comovente. Aqui olhamos para

227. Mítico rei de Tebas, exímio tocador de lira. Orfeu, músico e poeta mítico, enfeitiçava com seu canto e sua execução tanto pessoas e animais como também a natureza inanimada.

228. Tipo de representação teatral com música e dança, baseada em temas campestres. Originou-se na Itália e preparou a criação da ópera.

o devir mais íntimo desse gênero artístico propriamente moderno, a ópera: uma poderosa necessidade cria aqui à força uma arte, mas é uma necessidade de tipo inestético: a nostalgia do idílio, a crença numa existência arquiantediluviana do ser humano artístico e bom. O recitativo era considerado a língua redescoberta desse homem primitivo; a ópera, a terra reencontrada daquele ser idílica ou heroicamente bom, que obedece ao mesmo tempo, em todas as suas ações, a um impulso artístico natural, que, em tudo o que tem a dizer, ao menos canta algo para, à mais ligeira excitação dos sentimentos, logo cantar com plena voz. É indiferente para nós agora que com essa imagem recriada do artista paradisíaco os humanistas daquela época lutassem contra a velha ideia eclesiástica do ser humano em si corrompido e perdido: de modo que a ópera deve ser compreendida como o dogma oposicionista do homem bom, dogma com o qual, porém, se encontrara ao mesmo tempo um meio consolativo contra aquele pessimismo pelo qual eram atraídas da mais forte maneira precisamente as pessoas sérias daquela época, considerando a terrível incerteza de todas as circunstâncias. Basta que tenhamos reconhecido como o verdadeiro sortilégio e, com ele, a gênese dessa nova forma artística estão na satisfação de uma necessidade completamente inestética, na glorificação otimista do ser humano em si, na concepção do homem primitivo como sendo o ser humano bom e artístico por natureza: tal princípio da ópera converteu-se pouco a pouco numa *exigência* ameaçadora e terrível, que, face aos movimentos socialistas do presente, não podemos mais ignorar. O "bom primitivo"[229] quer seus direitos: que perspectivas paradisíacas!

Ao lado disso, coloco mais uma confirmação exatamente tão clara de minha opinião de que a ópera foi construída sobre os mesmos princípios de nossa cultura alexandrina. A ópera deve seu nascimento ao homem teórico, ao leigo crítico, não ao artista: um dos fatos mais desconcertantes na história de todas as artes. Foi a exigência de ouvintes verdadeiramente amusicais que se compreendesse sobretudo a palavra: de maneira que só caberia esperar um renascimento da arte composicional, segundo eles, caso se descobrisse algum modo de cantar em que a palavra do texto dominasse sobre o contraponto tal como o senhor domina sobre o servo. Pois as palavras seriam tanto mais nobres do que o sistema harmônico que as acompanha quanto a alma seria tanto mais nobre do que o corpo. Nos primórdios da ópera, a junção de música, imagem e palavra foi tratada com a grosseria leigamente amusical dessas opiniões; foi no sentido dessa estética que também se fizeram os primeiros experimentos nos aristocráticos círculos leigos de Florença graças a poetas e cantores aí patrocinados. O homem artisticamente impotente gera para si um tipo de arte precisamente pelo fato de ser o homem inartístico em si. Por não suspeitar da profundidade dionisíaca da música, ele transforma o gozo musical em retórica racional das palavras e dos sons da paixão no *stilo rappresentantivo* e em volúpia

229. Alusão a Rousseau, *Discurso sobre a origem e os fundamentos da desigualdade entre os homens*.

das artes do canto; por não conseguir ver visão alguma, ele força o maquinista e o decorador a seu serviço; por não ser capaz de apreender a verdadeira essência do artista, ele cria magicamente diante de si o "primitivo artístico" conforme seu gosto, isto é, o homem que canta em meio à paixão e fala em versos. Ele se transporta em sonhos a uma era em que basta a paixão para produzir cantos e poemas: como se alguma vez o afeto tivesse sido capaz de criar algo artístico. O pressuposto da ópera é uma crença falsa sobre o processo artístico, mais exatamente, aquela crença idílica de que, no fundo, toda pessoa sensível é artista. No sentido dessa crença, a ópera é a expressão da leiguice na arte, que dita suas leis com o jovial otimismo do homem teórico.

Se desejássemos unificar num só conceito as duas ideias recém-descritas, atuantes no surgimento da ópera, somente nos restaria falar de uma *tendência idílica da ópera*: no que apenas precisaríamos nos servir da maneira de expressar-se e do esclarecimento de Schiller.[230] Ou, diz ele, a natureza e o ideal são um objeto de tristeza, quando aquela é representada como perdida e este como inalcançado. Ou ambos são um objeto de alegria ao serem representados como reais. A primeira situação é oferecida pela elegia em sentido mais estrito; a segunda, pelo idílio em sentido mais lato. Cabe chamar logo a atenção aqui para a característica comum daquelas duas ideias na gênese da ópera, para o fato de nelas o ideal não ser sentido como inalcançado e a natureza não ser sentida como

230. No ensaio *Über naive und sentimentalische Dichtung* [Sobre a poesia ingênua e a sentimental].

perdida. De acordo com esse sentimento, houve uma pré-história do ser humano em que ele se encontrava junto ao coração da natureza e, nessa naturalidade, alcançara ao mesmo tempo o ideal da humanidade, numa bondade e numa condição de artista paradisíacas: um homem primitivo perfeito do qual todos descenderíamos e cuja imagem fiel ainda seríamos: apenas precisaríamos nos desvencilhar de algumas coisas para nos reconhecermos outra vez como esses homens primitivos, graças a uma renúncia voluntária à erudição supérflua, à cultura superabundante. O homem de cultura da Renascença deixou-se reconduzir por sua imitação operística da tragédia grega a uma tal consonância de natureza e ideal, a uma realidade idílica; ele serviu-se dessa tragédia, como Dante serviu-se de Virgílio, para ser levado até aos portões do paraíso:[231] ao passo que a partir daí foi ainda mais longe por conta própria e, de uma imitação da suprema forma artística grega, passou a uma "restauração de todas as coisas",[232] a uma imitação do mundo artístico

231. Na *Divina comédia*, Dante é conduzido por Virgílio – aquele dentre os poetas romanos a quem se atribuía uma antecipação das ideias cristãs – através do Inferno e do Purgatório até o limiar do Paraíso, onde o aguarda Beatriz, amor de juventude do poeta, para conduzi-lo pelas nove esferas celestes até diante do trono de Deus.

232. Ou apocatástase, conceito teológico que aparece, por exemplo, em Orígenes (século III). Logo condenada pela Igreja como herética, a doutrina da restauração de todas as coisas defendia que no final dos tempos todos os seres retornariam a Deus – diversamente da doutrina ortodoxa, que distingue categoricamente entre o reino dos condenados e o dos redimidos.

original do ser humano. Que bonomia confiante a destes ousados empenhos em pleno seio da cultura teórica! – unicamente explicável a partir da crença consoladora de que o "homem em si" é o herói de ópera eternamente virtuoso, o pastor eternamente a flautear ou a cantar, que por fim sempre tem de se reencontrar como tal, caso ele próprio tenha alguma vez de fato se perdido por algum tempo; unicamente o fruto daquele otimismo que, da profundeza da consideração socrática do mundo, aí se ergue como uma coluna aromática docemente sedutora.

Nos traços da ópera, pois, não há de forma alguma aquela dor elegíaca de uma eterna perda, antes a jovialidade do eterno reencontrar, o prazer cômodo com uma realidade idílica, que pelo menos se pode imaginar como real a qualquer momento: no que talvez se pressinta algum dia que essa suposta realidade nada é senão uma galhofa fantasticamente tola, para a qual todo aquele que pôde aferi-la pela terrível seriedade da verdadeira natureza e compará-la com as genuínas cenas primordiais dos começos da humanidade teria de bradar com asco: fora, fantasma! Apesar disso, cometeríamos um engano se acreditássemos que fosse possível afugentar semelhante ser galhofeiro como é a ópera simplesmente com um brado enérgico, como se fosse um espectro. Quem quiser aniquilar a ópera, precisa empreender a luta contra aquela serenidade alexandrina que nela se expressa tão ingenuamente sobre sua ideia predileta, e cuja genuína forma artística é ela. Mas o que a própria arte pode esperar do efeito de uma forma artística cujas origens absolutamente não se encontram no campo estético, que, pelo contrário, se esgueirou de uma esfera meio moral para o âmbito artístico e que apenas vez por outra foi capaz de enganar acerca dessa origem híbrida? De que sumos se alimenta esse ser operístico parasitário se não daqueles da verdadeira arte? Não seria de conjecturar que, em meio a suas seduções idílicas, em meio a suas artes alexandrinas bajuladoras, a suprema tarefa da arte, e que verdadeiramente caberia chamar de séria – redimir o olho de ver o horror da noite e salvar o sujeito dos espasmos das manifestações da vontade por meio do bálsamo curativo da aparência –, degenere numa tendência vazia e distrativa ao divertimento? O que é feito das eternas verdades do dionisíaco e do apolíneo em semelhante mistura de estilos como a que demonstrei na essência do *stilo rappresentantivo*? Em que a música é considerada servo e a palavra do texto como senhor, a música comparada com o corpo, a palavra do texto com a alma? Em que a meta suprema será dirigida, no melhor dos casos, a uma pintura sonora perifrástica, de modo semelhante ao de outrora no novo ditirambo ático? Em que a música está completamente alienada de sua verdadeira dignidade de ser espelho dionisíaco do mundo, de modo que só lhe resta, como escrava do fenômeno, imitar a essência formal deste e, no jogo das linhas e proporções, suscitar um deleite exterior. A uma consideração estrita, essa funesta influência da ópera sobre a música realmente coincide com a totalidade do desenvolvimento moderno da música; o otimismo espreitante na gênese da ópera e na essência da cultura por ela representada conseguiu, com celeridade assombrosa, despojar a música de seu destino dionisíaco no mundo e estampar-lhe um caráter prazenteiro, de brincadeira com as formas: mudança com a qual talvez apenas se pudesse comparar a metamorfose do homem esquiliano em homem alexandrino da jovialidade.

Se, na exemplificação com isso aludida, porém, tivermos com razão relacionado o desvanecimento do espírito dionisíaco com uma transformação e uma degeneração extremamente conspícuas, mas até agora inexplicadas do homem grego – que esperanças tem de reviver em nós quando os mais seguros auspícios nos garantem *o processo inverso, o gradativo despertar do espírito dionisíaco* em nosso mundo de hoje! Não é possível que a divina força de Hércules esmoreça eternamente na voluptuosa servidão a Ônfale.[233] Do fundo dionisíaco do espírito alemão ergueu-se uma força que nada tem em comum com as condições primordiais da cultura socrática e que não pode ser explicada nem desculpada a partir delas, antes é sentida por essa cultura como o terrivelmente inexplicável, como o prepotentemente hostil, *a música alemã*, como temos de compreendê-la particularmente em seu imponente percurso solar de Bach a Beethoven, de Beethoven a Wagner. O que o socratismo ávido de saber de nossos dias poderá fazer, no melhor dos casos, com esse demônio que ascende de profundezas

233. Como punição por profanar o santuário de Delfos, Hércules foi condenado a servir a rainha da Lídia (antigo país da Ásia Menor), Ônfale, durante um ano.

inesgotáveis? Nem a partir das denteações e dos arabescos da melodia da ópera, nem com a ajuda da tábua aritmética de cálculo da fuga[234] e da dialética contrapontística é possível encontrar a fórmula sob cuja luz triplamente intensa se conseguisse subjugar esse demônio e obrigá-lo a falar.[235] Que espetáculo oferecem agora nossos teóricos da estética, quando, com a rede de uma "beleza" que lhes é própria, buscam golpear e apanhar o gênio musical que salta e brinca diante deles com uma vida incompreensível, e nisso fazem movimentos que não pretendem ser julgados segundo a eterna beleza nem tampouco segundo o sublime.[236] Examinemos uma vez de perto e em

---

234. Expressão que também atinge a música de Johann Sebastian Bach (1685-1750), em especial *A arte da fuga*.

235. Alusão a Fausto, que obriga Mefistófeles, escondido num cão, a revelar-se. Após várias tentativas frustradas, Fausto leva Mefisto a aparecer quando ameaça: "Não esperes / A luz triplamente ardente! / Não esperes / A mais forte de minhas artes!" (Goethe, *Fausto I*, "Diante do portão", versos 1318-21).

236. Alusão aos adversários de Wagner, entre os quais também se contava o logo citado Otto Jahn. Ao grafar "beleza" entre aspas, Nietzsche alude ao mais relevante dos críticos de Wagner, que também foi o mais importante crítico musical do século XIX, Eduard Hanslick (1825-1904), que em 1854 publicou a obra *Vom Musikalisch-Schönen* [Do musicalmente belo], considerada até hoje um clássico do pensamento da estética musical. As construções utilizadas anteriormente por Nietzsche, *das Schrecklich-Unerklärliche, das Uebermächtig-Feindselige* (o terrivelmente inexplicável, o prepotentemente hostil) parodiam o título de Hanslick.

pessoa esses protetores da música quando tão incansavelmente exclamam "beleza! beleza!" e vejamos se ao fazê-lo agem como os filhos prediletos da natureza, formados e mimados no seio do belo, ou se, antes, não buscam uma forma mentirosamente encobridora para a própria grosseria, um pretexto estético para a própria insipidez, com sua pobreza da sensibilidade: penso, por exemplo, em Otto Jahn.[237] Mas, diante da música alemã, o mentiroso e o hipócrita precisam ter cuidado: pois justamente ela, em meio a toda a nossa cultura, é o único espírito ígneo puro, depurado e depurador, a partir do qual e rumo ao qual, como na doutrina do grande Heráclito de Éfeso,[238] todas as coisas se movem em dupla órbita: tudo o que agora chamamos de cultura, formação e civilização terá um dia de apresentar-se diante do infalível juiz Dioniso.

Recordemo-nos então como, graças a Kant e a Schopenhauer, foi possibilitado ao espírito *da filosofia alemã*, que flui das mesmas fontes, aniquilar o contente prazer de existir do socratismo científico mediante a demonstração de suas fronteiras; como através dessa

237. Otto Jahn (1813-1868): filólogo clássico, arqueólogo, historiador da música (publicou uma biografia de Mozart em quatro volumes) e crítico musical. Nietzsche aprendeu a estimá-lo durante seus estudos em Bonn (do outono de 1864 ao verão de 1865) como professor de filologia clássica e como conhecedor de música, mas, ao tornar-se adepto entusiasmado de Wagner, a partir do outono de 1868, tornou-se adversário de Jahn, que via na arte wagneriana um declínio da música.

238. Para Heráclito (século VI a.C.), o fogo é um princípio eterno que se inflama e se extingue em alternância rítmica, determinando assim o existir e o perecer do cosmo.

demonstração foi inaugurada uma consideração infinitamente mais profunda e mais séria das questões éticas e da arte, consideração que realmente podemos caracterizar como a *sabedoria dionisíaca* formulada em conceitos: a que nos remete o mistério dessa unidade entre a música alemã e a filosofia alemã se não a uma nova forma de existência, sobre cujo conteúdo apenas podemos nos instruir, pressagiosamente, a partir de analogias helênicas? Pois para nós, que nos encontramos na linha fronteiriça entre duas distintas formas de existência, o modelo helênico conserva esse valor imensurável de que nele também se manifestem todas aquelas transições e lutas sob uma forma classicamente instrutiva: só que nós, por assim dizer, vivenciamos analogamente em ordem *inversa* as grandes épocas capitais do ser helênico e, por exemplo, parecemos sair agora da época alexandrina e nos dirigir para trás, ao período da tragédia. Nisso, vive em nós a sensação de que o nascimento de uma época trágica tem de significar para o espírito alemão apenas um retorno a si mesmo, um ditoso reencontrar-se, depois que por um longo tempo potências invasoras descomunais, vindas de fora, forçaram esse espírito, vegetando numa barbárie desamparada da forma, a uma servidão à forma delas. Agora, finalmente, após seu retorno à fonte primordial de seu ser, ele pode, diante de todos os povos, atrever-se a caminhar audaz e livremente, sem as andadeiras de uma civilização românica:[239] desde que saiba aprender com constância de um povo

239. Refere-se tanto à França como também à Itália, com a sua influente tradição operística.

do qual realmente poder aprender já é uma alta glória e uma raridade que distingue, dos gregos. E quando mais precisaríamos desses elevadíssimos mestres do que agora, quando vivenciamos *o renascimento da tragédia* e corremos o perigo de não saber de onde ela vem, nem conseguir interpretar para onde ela quer ir?

20.

Sob os olhos de um juiz incorrupto, dever-se-ia um dia pesar em que época e em que homens até agora o espírito alemão lutou mais energicamente para aprender dos gregos; e se com segurança admitimos que esse único louvor teria de ser atribuído à mais nobre luta pela formação travada por Goethe, Schiller e Winckelmann, caberia acrescentar, em todo caso, que desde aquela época e desde as influências imediatas dessa luta, a aspiração de chegar por uma mesma via à formação e aos gregos tornou-se mais e mais fraca de modo incompreensível. Não poderíamos, para não desesperar completamente do espírito alemão, extrair disso a conclusão de que em algum ponto capital esses pelejadores tampouco foram bem-sucedidos em penetrar no cerne do ser helênico e em estabelecer um duradouro vínculo amoroso entre a cultura alemã e a grega? De modo que talvez um reconhecimento inconsciente daquela deficiência despertasse também nas naturezas mais sérias a dúvida desalentada sobre se elas, depois de tais predecessores, conseguiriam ir mais longe que eles nesse caminho formador e se realmente atingiriam o objetivo. Por isso, vemos desde aquela época degenerar da mais grave maneira o juízo sobre o valor dos gregos para a formação; a expressão de superioridade compassiva pode ser ouvida nos mais diferentes acampamentos do espírito e da falta de espírito; noutros lugares, uma bajulação completamente sem efeito brinca com a "harmonia grega", a "beleza grega", a "serenidade grega". E precisamente nos círculos cuja dignidade poderia estar em haurir incansavelmente do leito do rio grego, para a ventura da formação alemã, nos círculos dos professores das instituições de formação superior, aprendeu-se da melhor maneira a arranjar-se prematura e comodamente com os gregos, não raro chegando ao ponto de uma renúncia cética ao ideal helênico e a uma completa inversão do verdadeiro propósito de todos os estudos da Antiguidade. Quem nesses círculos ainda não se esgotou completamente no esforço de ser um confiável corretor de textos antigos ou um microscopista da língua sob o aspecto da história natural, este talvez também busque apropriar-se "historicamente" da Antiguidade grega, ao lado de outras antiguidades, mas, em todo caso, segundo o método e com os ares de superioridade de nossa historiografia culta atual. Se, de acordo com isso, a genuína força formadora das instituições de ensino superior por certo nunca esteve mais baixa e mais débil do que no presente; se o "jornalista", o escravo de papel do dia, sob qualquer aspecto relativo à formação, triunfou sobre o professor superior, restando a este apenas a metamorfose, já tantas vezes vivenciada, que consiste em também mover-se agora com o modo de falar do jornalista, com a "elegância ligeira"[240] dessa esfera, feito jovial e culta borboleta – com que perplexidade penosa tais homens cultos de semelhante presente têm de encarar aquele fenômeno que, talvez, apenas pudesse ser compreendido, mediante uma analogia, a partir do fundamento mais profundo do gênio helênico até agora incompreendido, o redespertar do espírito dionisíaco e o renascimento da tragédia? Não há outro período artístico em que a chamada formação e a arte genuína estivessem face a face com tamanho alheamento e aversão como os que saltam aos olhos na atualidade. Compreendemos por que uma formação tão débil deteste a verdadeira arte; pois teme, devido a esta, o seu perecimento. Mas não deveria uma espécie inteira de cultura, a saber, aquela socrático-alexandrina, ter chegado ao fim depois que pôde terminar numa extremidade tão delicadamente delgada como é a formação atual? Se heróis tais como Schiller e Goethe não conseguiram arrombar aquele portão enfeitiçado que leva à montanha mágica helênica, se sua mais corajosa luta não foi além daquele olhar nostálgico que a Ifigênia goethiana lança da

---

240. Alusão ao periódico *Zeitung für die elegante Welt* [Jornal para o mundo elegante], órgão do movimento literário e político *Das Junge Deutschland* [A jovem Alemanha], atuante entre 1830 e 1850, aproximadamente. No desdém pelo jornalismo, Nietzsche alinha-se a Schopenhauer: "Um grande número de maus escritores vive apenas da loucura do público que nada quer ler senão o que tenha sido impresso hoje: os jornalistas" (*Parergos e paralipômenos*, v. 2, § 272, "Sobre escrita e estilo"). Ainda assim, Nietzsche foi um ávido leitor de jornais e revistas.

bárbara Táuride à pátria além-mar,[241] o que restaria para esperar aos epígonos de tais heróis se, de súbito, num lado completamente diferente, intocado por todos os esforços da cultura até hoje existente, o portão não se abrisse por conta própria – ao som místico da redespertada música da tragédia?

Oxalá ninguém busque minimizar nossa crença em um renascimento, ainda por acontecer, da Antiguidade helênica; pois apenas nela encontramos nossa esperança de uma renovação e depuração do espírito alemão pelo feitiço de fogo da música. O que mais poderíamos mencionar que, na desolação e na lassitude da cultura atual, pudesse despertar alguma expectativa consoladora para o futuro? Em vão buscamos com os olhos por uma única raiz vigorosamente ramificada, por um pedaço de solo fértil e sadio: em toda parte poeira, areia, torpor, definhamento. Alguém aflitamente isolado não poderia, em face disso, escolher melhor símbolo do que o cavaleiro com a morte e o diabo, como nos foi desenhado por Dürer, o cavaleiro de armadura com o olhar brônzeo e duro, que sabe seguir seu caminho de pavores, imperturbado por seus medonhos acompanhantes, e, contudo, desesperado, sozinho com o cavalo e o cão.[242] Um tal cavaleiro düre-

---

241. Alusão ao monólogo de abertura de *Ifigênia em Táuride* (versos 10-12): "Pois, ai, o mar separa-me dos amados, / E à margem fico parada longos dias, / A buscar os gregos com a alma".

242. Refere-se à gravura em cobre *O cavaleiro, a morte e o diabo*, do artista alemão Albrecht Dürer (1471-1528), datada de 1513. Em seu escrito comemorativo *Beethoven*, Wagner enaltece "o grande Albrecht Dürer", em quem teria (cont.)

riano foi o nosso Schopenhauer: faltava-lhe qualquer esperança, mas ele queria a verdade. Não há quem a ele se compare. –

Mas como se modifica de súbito esse descampado de nossa fatigada cultura, recém-descrito tão sombriamente, quando tocado pelo encanto dionisíaco! Um vendaval apanha todas as coisas decrépitas, apodrecidas, quebradas e estioladas, envolve-as, girando, em uma vermelha nuvem de poeira e as eleva pelos ares como um abutre. Com perplexidade, nossos olhares buscam pelo que desapareceu: pois o que veem é como se tivesse subido de um alçapão para a luz dourada, tão cheio e verde, tão luxuriantemente vivo, tão anelantemente incomensurável. A tragédia senta-se em meio a essa abundância de vida, sofrimento e prazer, em sublime fascínio, ela escuta um longínquo e melancólico canto – ele fala das mães do ser,[243] cujos nomes são: ilusão, vontade, dor.[244] – Sim, meus amigos,[245] acreditai comigo na vida dionisíaca e no renascimento da tragédia. A época do homem

---

(cont.) se manifestado "o espírito fáustico-alemão". O complexo Dürer – Nietzsche – Wagner desempenha um grande papel no romance *Doutor Fausto*, de Thomas Mann.

243. Como mencionado anteriormente, no capítulo 16, a expressão "mães" alude a duas cenas do primeiro ato de *Fausto II*, "Galeria sombria" e "Salão dos cavaleiros", versos 6427-36.

244. Em alemão, *Wahn, Wille, Wehe*. Pouco acima, "vida, sofrimento e prazer" traduzem *Leben, Leid und Lust*. O uso da aliteração (ou rima inicial, com a repetição da primeira letra ou sílaba da palavra) era muito valorizada por Wagner, em detrimento da rima final.

245. Isto é, os adeptos de Wagner.

socrático passou: coroai-vos com hera, tomai o tirso na mão e não vos admireis se o tigre e a pantera se deitarem acariciadores diante de vossos joelhos. Ousai agora ser homens trágicos: pois devereis ser salvos. Deveis acompanhar o cortejo festivo dionisíaco da Índia para a Grécia! Armai-vos para dura luta, mas crede nos prodígios de vosso deus!

21.

Retornando desses tons exortativos ao estado de espírito que convém ao contemplativo, repito que só dos gregos se pode aprender o que semelhante despertar súbito da tragédia, parecendo um milagre, significa para o mais íntimo fundamento vital de um povo. É o povo dos mistérios trágicos que trava as batalhas contra os persas:[246] e, por outro lado, o povo que travou aquelas guerras precisa da tragédia como necessária beberagem restabelecedora. Quem suporia que precisamente neste povo, depois de ter sido excitado até o âmago durante várias gerações pelas mais fortes convulsões do demônio dionisíaco, haveria mais uma efusão tão uniformemente forte do mais simples sentimento político, dos mais naturais instintos pátrios, da original vontade viril de lutar? Afinal, a cada alastramento significativo das excitações dionisíacas sempre

---

246. As vitórias sobre os persas nas primeiras décadas do século V a.C. – em Maratona em 490 a.C., e em Salamina em 480 a.C. – foram o pressuposto decisivo para a conservação da independência grega e para o desenvolvimento da cultura nesse período.

se percebe como a libertação dionisíaca dos grilhões do indivíduo se faz notar em primeiríssimo lugar num prejuízo dos instintos políticos, intensificado até a indiferença e inclusive até a hostilidade, tão certo como, por outro lado, o Apolo formador de Estados também é o gênio do *principium individuationis* e o Estado e o senso pátrio não possam viver sem a afirmação da personalidade individual. Apenas um caminho leva um povo para fora do orgiasmo,[247] o caminho rumo ao budismo indiano, que, para poder ser realmente suportado, com o seu anseio ao nada, precisa daqueles raros estados extáticos com sua elevação acima do espaço, do tempo e do indivíduo: como, por sua vez, esses estados exigem uma filosofia que ensine a superar mediante uma representação o indescritível desprazer dos estados intermediários. De modo igualmente necessário, partindo da vigência absoluta dos impulsos políticos, um povo entra numa via de extrema mundanização, cuja mais grandiosa, mas também mais apavorante expressão é o *imperium* romano.

Colocados entre a Índia e Roma, e forçados a uma escolha sedutora, os gregos conseguiram, numa pureza clássica, acrescentar a invenção de uma terceira forma, ainda que não para longo uso próprio, mas, precisamente por isso, para a imortalidade. Pois vale para todas as coisas que os prediletos dos deuses morram cedo,[248] mas, com a mesma certeza, que

247. A celebração de orgias, em especial no contexto dos festejos dionisíacos da Grécia antiga.

248. Menandro, fragmento 111: "Aquele a quem os deuses amam morre cedo".

então vivam eternamente com eles. Que não se exija do que é mais nobre que tenha a tenacidade durável do couro; a grosseira durabilidade, como era própria, por exemplo, do impulso nacional romano, provavelmente não está entre os predicados necessários da perfeição. Porém, se perguntarmos com que remédio foi possível aos gregos, em sua grande época, dada a extraordinária força de seus impulsos dionisíacos e políticos, não esgotar-se devido a um cismar extático, nem numa tentativa consumidora de agarrar o poder e a reverência mundiais, mas atingir aquela mistura magnífica como a de um vinho nobre, ao mesmo tempo incitador e inspirando a contemplação, então temos de recordar da força descomunal da *tragédia*, força que excitava, depurava e descarregava toda a vida do povo e de cujo supremo valor apenas teremos uma ideia se com ela nos depararmos, como no caso dos gregos, na qualidade de suma de todas as forças profiláticas de cura, reinando como mediadora entre as qualidades mais enérgicas e, em si, mais funestas do povo.

A tragédia suga para dentro de si o supremo orgiasmo musical, de modo que realmente leva a música à perfeição, tanto entre os gregos como entre nós, mas então coloca ao lado dela o mito trágico e o herói trágico, que então, feito um poderoso titã, toma todo o mundo dionisíaco em suas costas e nos alivia dele: ao passo que, por outro lado, graças a esse mesmo mito trágico, a tragédia sabe, na pessoa do herói trágico, nos libertar do ímpeto ávido por essa existência, recordando com mão admoestadora um outro ser e um prazer mais elevado, para o qual o herói em luta, cheio de pressentimentos, se prepara com seu soçobro, não com suas vitórias. Entre a vigência universal de sua música e o ouvinte dionisiacamente receptivo, a tragédia coloca um símbolo sublime, o mito, e desperta naquele a aparência de que a música é apenas um supremo meio representativo para vivificar o mundo plástico do mito. Confiando nessa nobre ilusão, ela pode agora mover seus membros na dança ditirâmbica e entregar-se sem reservas a um sentimento orgiástico de liberdade em que, como música em si, sem aquela ilusão, ela não poderia ousar regalar-se. O mito nos resguarda da música, como, por outro lado, só ele lhe dá a suprema liberdade. Em contrapartida, como presente dado em troca, a música confere ao mito trágico uma significação metafísica tão insistente e persuasiva que a palavra e a imagem, sem esse único auxílio, nunca são capazes de atingir; e, em especial, graças a ela sobrevém ao espectador trágico justamente aquele pressentimento seguro de um prazer supremo, ao qual conduz o caminho que atravessa a ruína e a negação, de modo que ele julga ouvir o mais profundo abismo das coisas falando-lhe de modo audível.

Se, com as últimas frases, consegui dar talvez uma expressão apenas provisória, para poucos imediatamente compreensível, a essa difícil ideia, não posso deixar, precisamente neste ponto, de estimular meus amigos a uma nova tentativa e pedir-lhes, com base num só exemplo de nossa experiência comum, que se preparem para o conhecimento da tese geral. Nesse exemplo, não posso referir-me àqueles que utilizam as imagens dos eventos cênicos, as palavras e os afetos dos personagens em ação para, com essa ajuda, aproximar-se do sentimento musical; pois todos esses não falam a música como língua materna e, apesar daquele auxílio, não vão além dos pórticos da percepção musical, sem jamais poder tocar seus mais internos santuários; muitos deles, como Gervinus,[249] não chegam por esse caminho sequer aos pórticos. Mas tenho de dirigir-me apenas àqueles que, diretamente aparentados à música, têm nela, por assim dizer, o seu seio materno e se encontram em conexão com as coisas quase que apenas mediante relações musicais inconscientes. A esses autênticos músicos, pergunto se conseguem imaginar uma pessoa que fosse capaz de ouvir o terceiro ato de *Tristão e Isolda*[250] sem qualquer auxílio de palavras e imagens, puramente como imenso movimento sinfônico, sem exalar o último suspiro em meio a um estender convulsivo de todas

---

249. Georg Gottfried Gervinus (1805-1871): historiador, historiador da literatura e político. Via a literatura em conexão com o desenvolvimento histórico; foi exonerado do cargo de professor por suas ideias democráticas. Nietzsche refere-se ao livro *Händel und Shakespeare. Zur Ästhetik der Tonkunst* [Händel e Shakespeare: sobre a estética da música], de 1868.

250. Ópera de Wagner estreada em 10 de junho de 1865. No que segue, Nietzsche a interpreta segundo as ideias fundamentais de Schopenhauer em *O mundo como vontade e representação*. Na quarta de suas *Considerações extemporâneas*, "Richard Wagner em Bayreuth" (1876), Nietzsche chama *Tristão e Isolda* de "o verdadeiro *opus metaphysicum* de toda a arte".

as asas da alma. Uma pessoa que, como ocorre aqui, encostou o ouvido, por assim dizer, ao ventrículo da vontade do mundo, que sente o furioso anseio pela existência como torrente estrondeante ou como delicadíssimo riacho vaporoso se espalhar para todas as artérias do mundo, não deveria ela despedaçar-se de súbito? Poderia ela suportar, no miserável envoltório vítreo do indivíduo humano, ouvir o eco de inúmeros clamores de prazer e dor vindos do "vasto espaço da noite do mundo"[251] sem nessa dança de roda pastoril da metafísica refugiar-se irresistivelmente em sua pátria primordial? Se, no entanto, semelhante obra pode ser ouvida como totalidade, sem negação da existência individual, se tal criação pôde ser criada sem destroçar seu criador – onde buscaremos a solução de semelhante contradição?

Entre nossa suprema comoção musical e aquela música interpõem-se aqui o mito trágico e o herói trágico, no fundo apenas como símbolos dos fatos mais universais de todos, de que apenas a música pode falar por via direta. Mas como símbolo, o mito, se sentíssemos como seres puramente dionisíacos, ficaria parado ao nosso lado inteiramente sem efeito e despercebido, não nos afastando por nenhum momento de dar ouvidos ao eco dos *universalia ante rem*.[252] Todavia, aqui irrompe a força *apolínea*, orientada ao

251. *Tristão e Isolda*, ato III, cena 1. Tristão pronuncia essas palavras ao despertar da inconsciência; Wagner usa, no entanto, "reino" e não "espaço".

252. No sentido dado por Schopenhauer a esse termo; ver nota 243.

restabelecimento do indivíduo quase despedaçado, com o bálsamo medicinal de uma deleitosa ilusão: de súbito, acreditamos ver apenas Tristão a perguntar-se, imóvel e entorpecido: "A velha canção; por que me desperta?".[253] E o que antes nos parecia um gemido rouco provindo do centro do ser, agora quer apenas nos dizer o quanto está "deserto e vazio o mar".[254] E quando imaginávamos extinguir-nos ofegantes, no distender-se convulsivo de todos os sentimentos, e apenas uma insignificância nos ligava a esta existência, ouvimos e vemos agora apenas o herói ferido de morte e, contudo, não agonizante, com seu clamor desesperado: "Desejar! Desejar! No morrer, desejar por não morrer de anseio!".[255] E se antes o júbilo da trompa, após tal demasia e tal sem-número de tormentos devoradores, quase nos cortou o coração como o tormento supremo, agora se encontra, interposto entre nós e esse "júbilo em si", o exultante Kurwenal, voltado para a embarcação que traz Isolda.[256] Por mais intensamente que a compaixão agarre nosso íntimo, num certo sentido, porém, ela nos salva do sofrimento primordial do mundo tal como a imagem simbólica do mito nos salva da visão imediata da ideia suprema do mundo, tal como o pensamento e a palavra nos salvam

253. Ato III, cena 1, em que Tristão reage com essas palavras à triste melodia do pastor.

254. Ato III, cena 1. Palavras do pastor, que observa o barco de Isolda.

255. Ato III, cena 1.

256. Ato III, cena 1. Kurwenal, amigo e ajudante de Tristão, alegra-se ao ver aproximar-se o barco com Isolda.

da efusão irrefreada da vontade inconsciente. Graças àquela magnífica ilusão apolínea, parece-nos como se mesmo o reino dos sons se apresentasse diante de nós como um mundo plástico, como se também nesse mundo apenas o destino de Tristão e Isolda fosse modelado e imageticamente cunhado com uma matéria delicadíssima e maximamente capaz de expressão.

Assim o apolíneo nos arranca da universalidade dionisíaca e nos encanta em favor dos indivíduos; a estes nos agrilhoa nossa comoção compassiva, por meio deles ele satisfaz o senso de beleza, a ansiar por grandes e sublimes formas; ele faz desfilar diante de nós imagens da vida e nos incita a apreender pelo pensamento o cerne vital nelas contido. Com o ímpeto descomunal da imagem, do conceito, do ensinamento ético e da comoção simpática,[257] o apolíneo arrebata o ser humano de sua autoaniquilação orgiástica e o ludibria a respeito da universalidade do acontecer dionisíaco com a ilusão de que vê uma única imagem do mundo – por exemplo, Tristão e Isolda – e que, *graças à música*, apenas irá *enxergá-la* melhor e mais intimamente. Do que não é capaz a magia terapêutica de Apolo se ele consegue despertar mesmo em nós a ilusão de que o dionisíaco realmente seria capaz, a serviço do apolíneo, de intensificar os efeitos deste, como se a música inclusive fosse essencialmente a arte representativa de um conteúdo apolíneo?

257. Isto é, compassiva. Pois "simpatia", de origem grega, e "compaixão", de origem latina, são termos com o mesmo sentido original de participação no sofrimento de outrem.

Considerando aquela harmonia preestabelecida[258] que impera entre o drama consumado e sua música, o drama atinge um grau máximo de visualidade, usualmente inatingível para o drama em palavras. Assim como todas as figuras vivas da cena, nas linhas melódicas que se movem independentemente, se simplificam diante de nós até atingir a nitidez da linha curva, a justaposição dessas linhas soa a nós na alternância de harmonias que simpatiza da mais delicada maneira com o acontecimento que se move: alternância pela qual as relações das coisas tornam-se imediatamente apreensíveis de modo sensorialmente perceptível, de forma alguma abstrato, assim como igualmente reconhecemos graças a essa alternância que apenas nessas relações se revela puramente a essência de um caráter e de uma linha melódica. E enquanto a música assim nos obriga a ver mais, e mais a fundo do que o usual, e a estender diante de nós o acontecimento da cena feito um tênue tecido, para nosso olho espiritualizado, a olhar para o âmago, o mundo do palco foi ampliado tão infinitamente quanto iluminado a partir de dentro. Que coisa análoga poderia oferecer o poeta das palavras, que, com um mecanismo muito mais imperfeito, por via indireta, a

258. Termo que alude à doutrina forjada por Gottfried Wilhelm von Leibniz (1646-1716) na fase inicial do Iluminismo alemão. Considera que todos os eventos do mundo são predeterminados por Deus e transcorrem harmonicamente, sem relação causal, especialmente devido à relação paralela, sem influência mútua, entre espírito e matéria. Nietzsche transpõe essa noção para a relação entre palavra (drama) e música.

partir da palavra e do conceito, se esforça por alcançar aquela ampliação interior do mundo visível do palco e a iluminação interior[259] dele? Se, é verdade, a tragédia musical também recorre à palavra, ela pode, porém, colocar ao lado dela simultaneamente a base e o lugar de nascimento da palavra e nos esclarecer, a partir de dentro, o seu devir.

Porém, a respeito desse acontecimento descrito caberia dizer com a mesma segurança que ele é apenas uma magnífica aparência, a saber, a antes mencionada *ilusão* apolínea, por cujo efeito devemos ser aliviados do afluxo e da demasia dionisíacos. No fundo, afinal, a relação da música com o drama é precisamente a inversa: a música é a verdadeira ideia do mundo, o drama é apenas um reflexo dessa ideia, uma silhueta isolada dela. Aquela identidade entre a linha melódica e a figura viva, entre a harmonia e as relações de caráter daquela figura é verdadeira num sentido oposto ao que poderia parecer quando contemplamos a tragédia musical. Podemos mover, avivar e iluminar a figura a partir de dentro da mais visível maneira, ela continua sendo sempre o fenômeno a partir do qual não há

259. O motivo da "luz interior" também é utilizado por Wagner em seu escrito sobre Beethoven. Embora Wagner e Nietzsche citem com frequência o *Fausto* de Goethe, escapou a ambos o tom irônico com que Goethe trata esse motivo. Ver *Fausto II*, ato II, "Quarto gótico, acanhado, de altas abóbadas", versos 6794-6805: "Não existia o mundo antes de eu criá-lo / [...] Mas, livre, meu espírito a ouvir, / Vou, alegre, a luz interior seguir" (fala do bacharel, símbolo da arrogância da juventude, quando se acredita que o mundo começou com a própria pessoa).

ponte que conduza até a realidade verdadeira, até o coração do mundo. Mas é do interior desse coração que fala a música; e por mais que inúmeros fenômenos desse tipo pudessem passar diante da mesma música, jamais esgotariam a essência dela, mas seriam sempre, tão somente, suas cópias exteriorizadas. Contudo, a oposição popular e totalmente falsa entre alma e corpo nada explica e tudo confunde no que respeita à difícil relação entre música e drama; mas a crueza afilosófica dessa oposição parece ter se tornado, sabe-se lá por quais motivos, um artigo de fé professado de boa vontade precisamente por nossos teóricos da estética, ao passo que nada aprenderam sobre uma oposição entre o fenômeno e a coisa em si, ou, por motivos igualmente desconhecidos, nada quiseram aprender.

Caso nossa análise tenha tido como resultado que o apolíneo na tragédia, graças à sua ilusão, saiu completamente vitorioso sobre o elemento primordial dionisíaco da música e a aproveitou para seus propósitos, a saber, para uma máxima elucidação do drama, então por certo caberia acrescentar uma restrição muito importante: aquela ilusão apolínea está quebrada e aniquilada no mais essencial de todos os pontos. O drama, que, numa nitidez tão interiormente iluminada de todos os movimentos e figuras, se desdobra diante de nós com o auxílio da música como se víssemos o tecido surgir no tear[260] em meio às oscilações para cima e para baixo – atinge como todo um efeito que está *além de todos os efeitos artísticos apolíneos*. No

---

260. A imagem do "tecido no tear" alude ao sentido original do termo *textus* (texto), "tecido".

efeito total da tragédia, o dionisíaco chega novamente ao predomínio; ela termina com um som que jamais poderia soar provindo do reino da arte apolínea. E, com isso, a ilusão apolínea se revela como aquilo que ela é, como o velamento, que se mantém enquanto dura a tragédia, do verdadeiro efeito dionisíaco: que, no entanto, é tão poderoso a ponto de, no final, empurrar o próprio drama apolíneo a uma esfera em que ele começa a falar com sabedoria dionisíaca e nega a si mesmo e sua visibilidade apolínea. Assim, a difícil relação do apolíneo e do dionisíaco na tragédia poderia realmente ser simbolizada por uma aliança fraternal de ambas as divindades: Dioniso fala a língua de Apolo, mas Apolo fala por fim a língua de Dioniso: com isso, atingiu-se a meta suprema da tragédia e da arte em geral.

22.

Possa o atento amigo ter presente o efeito de uma verdadeira tragédia musical de modo puro e sem mistura, segundo suas experiências. Penso que descrevi de tal maneira o fenômeno desse efeito, sob ambos os aspectos, que agora ele saberá interpretar suas próprias experiências. Pois se recordará como, em relação ao mito que diante dele se move, se sentiu elevado a uma espécie de onisciência, como se então a força visual de seus olhos não fosse apenas uma força de superfície, mas capaz de penetrar no âmago, e como se visse diante de si as ondulações da vontade, a luta dos motivos, a torrente das paixões que se avoluma, agora, com ajuda da música, de um modo por assim dizer sensorialmente visível, como uma abundância de linhas e figuras vivamente móveis e, assim, pudesse mergulhar até aos mais delicados segredos das emoções inconscientes. Enquanto, desse modo, se torna consciente de uma intensificação extrema de seus impulsos orientados à visibilidade e à transfiguração, ele sente, porém, com a mesma certeza, que essa longa série de efeitos artísticos apolíneos *não* gera aquele bem-aventurado persistir em contemplação, desprovida de vontade, que nele produzem, graças a suas obras de arte, o escultor e o poeta épico, ou seja, os artistas genuinamente apolíneos: quer dizer, a justificação, atingida naquela contemplação, do mundo da *individuatio* [individuação], justificação que é o ápice e a suma da arte apolínea. Ele contempla o mundo transfigurado do palco e, contudo, nega-o. Ele vê diante de si o herói trágico em clareza e beleza épicas e, contudo, alegra-se com sua aniquilação. Ele compreende até o mais íntimo o acontecimento da cena e refugia-se de bom grado no incompreensível. Ele sente que são justificadas as ações do herói e, contudo, é elevado ainda mais quando essas ações aniquilam seu autor. Ele estremece ante os sofrimentos que atingirão o herói e, contudo, pressente neles um prazer mais elevado, muito mais prepotente. Ele vê mais e com maior profundidade do que nunca e, contudo, deseja estar cego. De onde derivaríamos essa prodigiosa discórdia consigo mesmo, essa quebra do aguilhão apolíneo, se não da magia *dionisíaca*, que, aparentemente excitando ao máximo as emoções apolíneas, é, no entanto, capaz de forçar a seu serviço esse excesso da força apolínea? *O mito trágico* só pode ser compreendido como uma ilustração da sabedoria dionisíaca mediante recursos artísticos apolíneos; ele conduz o mundo do fenômeno aos limites em que esse mundo nega a si mesmo e busca refugiar-se no seio da verdadeira e única realidade; onde, com Isolda, esse mundo parece então entoar seu metafísico canto de cisne desta maneira:

> Na corrente ondulante
> do mar do deleite,
> no som ressoante
> das ondas de aroma,
> no universo soprante
> do respirar do mundo –
> afogar-se – afundar-se –
> inconscientemente – prazer eminente![261]

Assim nos damos conta, com base nas experiências do ouvinte verdadeiramente estético, de como o próprio artista trágico, qual uma exuberante divindade da *individuatio*, cria suas figuras, em que sentido sua obra dificilmente poderia ser compreendida como "imitação da natureza" – mas de que maneira, então, seu descomunal impulso dionisíaco devora todo esse mundo dos fenômenos para, por trás dele e graças à sua aniquilação, deixar pressentir uma suprema alegria artística primordial no seio do uno primordial.

---

261. Palavras de Isolda ao final da ópera, quando se inclina sobre o cadáver de Tristão.

Não obstante, nossos teóricos da estética nada sabem informar sobre esse retorno à pátria primordial,[262] sobre a aliança fraterna das duas divindades artísticas na tragédia e sobre a excitação tanto apolínea quanto dionisíaca do ouvinte, ao passo que não se cansam de caracterizar a luta do herói com o destino, a vitória da ordem moral do mundo ou uma descarga de afetos causada pela tragédia como sendo o elemento genuinamente trágico: infatigabilidade que me faz pensar que eles não sejam de forma alguma pessoas esteticamente excitáveis e que ao ouvir a tragédia talvez só entrem em conta como seres morais. Desde Aristóteles, jamais foi dada uma explicação do efeito trágico a partir da qual se pudesse fazer inferências sobre estados artísticos, sobre uma atividade estética dos ouvintes. Ora a compaixão e o temor devem ser compelidos pelos sérios acontecimentos a uma descarga aliviadora, ora devemos nos sentir elevados e entusiasmados pela vitória de bons e nobres princípios, pelo sacrifício do herói no sentido de uma consideração moral do mundo; e tão certamente quanto acredito que, para inúmeras pessoas, precisamente isso e apenas isso seja o efeito da tragédia, tão claramente resulta daí que elas todas, com seus teóricos

262. Expressão cunhada por Wagner, que tinha predileção pelo retorno a estados e tipos primordiais. Ao buscar essas ressonâncias wagnerianas – como também na frase imediatamente anterior, quando fala de "alegria primordial" e "único primordial" –, o próprio Nietzsche assume o papel do "ouvinte estético" ideal que, graças a uma completa empatia, se identifica com o "artista trágico" e o compreende em virtude de suas próprias "experiências".

da estética interpretantes, nada experimentaram da tragédia como uma *arte* suprema. Aquela descarga patológica, a catarse de Aristóteles, da qual os filólogos não sabem direito se cabe incluí-la entre os fenômenos médicos ou entre os morais, faz lembrar uma notável suspeita de Goethe. "Sem um vivo interesse patológico," diz ele, "jamais consegui tampouco elaborar alguma situação trágica, preferindo por isso evitá-la a buscá-la. Teria sido também uma das prerrogativas dos antigos o fato de o supremo patético ter sido entre eles apenas jogo estético, visto que entre nós a verdade da natureza precisa cooperar para produzir semelhante obra?"[263] Podemos responder afirmativamente agora a essa pergunta tão profunda, após nossas magníficas experiências, depois de termos vivenciado com assombro, precisamente na tragédia musical, o quanto o supremo patético pode realmente ser apenas um jogo estético: razão pela qual estamos autorizados a acreditar que apenas agora o fenômeno primordial do trágico pode ser descrito com algum sucesso. Quem ainda agora tem a relatar apenas aqueles efeitos substitutivos oriundos de esferas extraestéticas e não se sente elevado acima do processo patológico-moral[264] só pode desesperar de sua natureza estética: contra o

263. De uma carta de Goethe a Schiller datada de 9 de dezembro de 1797.

264. Alusão a Jacob Bernays, que explicou a catarse aristotélica segundo critérios da patologia no estudo *Grundzüge der verlorenen Abhandlung des Aristoteles über Wirkung der Tragödie* [Elementos do tratado perdido de Aristóteles sobre o efeito da tragédia], Breslau, 1857.

que lhe recomendamos, como inocente substituto, a interpretação de Shakespeare à maneira de Gervinus[265] e a diligente investigação da "justiça poética".

Assim, com o renascimento da tragédia, também renasceu o *ouvinte estético*, em cujo lugar, até agora, costumava estar sentado nas salas dos teatros um estranho quiproquó, com pretensões meio morais e meio eruditas, o "crítico". Em sua esfera até agora existente, tudo era artificial e apenas caiado com uma aparência de vida. O artista cênico de fato não sabia mais o que fazer com semelhante ouvinte a portar-se de modo crítico, ficando por isso inquietamente à espreita, junto com o dramaturgo ou o compositor de óperas que o inspirava, dos últimos restos de vida nesse ser pretensiosamente enfadonho e incapaz de deleite. Mas, até agora, o público consistiu nesse gênero de "críticos"; o estudante, o escolar e mesmo a mais inocente criatura feminina já foram preparados pela educação e pelos jornais, sem sabê-lo, a uma tal percepção de uma obra de arte. Junto a tal público, as naturezas mais nobres dentre os artistas contavam com a excitação de forças religioso-morais, e a invocação da "ordem moral do mundo" entrou vicariamente ali onde, na verdade, um poderoso encanto artístico deveria fascinar o autêntico ouvinte. Ou o dramaturgo apresentava uma tendência mais grandiosa, ao menos emocionante, da atualidade política e social com tamanha nitidez que o ouvinte podia esquecer seu esgotamento crítico e abandonar-se a afetos semelhantes àqueles experimentados nos

265. Georg Gottfried Gervinus, *Shakespeare*, 2 v., Leipzig, 1849-50.

momentos patrióticos ou guerreiros, ou diante da tribuna do parlamento ou quando da condenação do crime e do vício: um alheamento das genuínas intenções artísticas que, aqui e ali, tinha de levar de fato a um culto da tendência. Mas, neste caso, aconteceu o que desde sempre tem acontecido com todas as artes artificiosas, uma depravação impetuosamente rápida daquelas tendências, de modo que, por exemplo, a tendência de empregar o teatro como espetáculo destinado à formação moral do povo, que fora levada a sério na época de Schiller,[266] já é contada entre as inacreditáveis antiguidades de uma formação superada. Enquanto o crítico chegou ao poder no teatro e no concerto, o jornalista na escola e a imprensa na sociedade, a arte degenerou em um objeto de entretenimento da mais vil categoria, e a crítica estética foi utilizada como aglutinante de uma sociabilidade fútil, distraída, egoísta e além disso miseravelmente desprovida de originalidade, cujo sentido é dado a entender por aquela parábola schopenhaueriana dos porcos-espinhos;[267] de modo que em época alguma

266. No ensaio *Die Schaubühne als eine moralische Anstalt betrachtet* [O teatro considerado como uma instituição moral], de 1785.

267. "Num gelado dia de inverno, os membros de uma sociedade de porcos-espinhos se aglomeraram bem juntinhos para, por meio do calor mútuo, se proteger do congelamento. Porém, logo sentiram os espinhos uns dos outros, e trataram de se distanciar. Quando a necessidade de aquecimento os aproximou outra vez, repetiu-se o segundo mal, de modo que foram jogados entre uma e outra miséria (cont.)

se tagarelou tanto sobre arte e se fez tão pouco-caso dela. Mas ainda é possível relacionar-se com uma pessoa que seja capaz de conversar sobre Beethoven e Shakespeare? Que cada um responda a essa pergunta conforme seu sentimento: com a resposta, provará em todo caso o que imagina ser a "formação", supondo que chegue mesmo a tentar responder à pergunta e não tenha já se emudecido de espanto.

Em contrapartida, algum indivíduo mais nobre e mais delicadamente dotado pela natureza, ainda que pouco a pouco tenha se tornado um bárbaro crítico do modo descrito, deveria poder relatar acerca de um efeito tão inesperado quanto completamente incompreensível que uma encenação bem-sucedida de *Lohengrin*, por exemplo, tenha sobre ele exercido: só que talvez lhe faltasse aquela mão que o segura

---

(cont.) até encontrarem uma distância média em que pudessem suportar a situação da melhor maneira possível. – É assim que a necessidade de companhia, nascida do vazio e da monotonia do próprio íntimo, impele os seres humanos a se procurar, mas suas muitas qualidades desagradáveis e defeitos intoleráveis os afastam novamente. A distância média que por fim encontram, e que é capaz de possibilitar uma convivência, consiste na cortesia e nas boas maneiras. Na Inglaterra, as pessoas gritam àquela que não observa essa distância: *keep your distance!* [mantenha distância!] – É verdade que devido a ela a necessidade de aquecimento mútuo é satisfeita apenas de maneira incompleta, mas, em compensação, não se sente a picada dos espinhos. – Quem, no entanto, tiver muito calor interno próprio, faz melhor em ficar longe da sociedade para não causar males nem sofrê-los" (*Parergos e paralipômenos*, v. 2, cap. 31, "Alegorias, parábolas e fábulas", § 396).

de modo admoestador e interpretativo, de forma que também aquela sensação incompreensivelmente diversa e absolutamente incomparável que então o abalou permaneceu isolada e, após breve luzir, se extinguiu como um astro enigmático. Naquela ocasião, ele pressentiu o que é o ouvinte estético.

23.

Quem quiser examinar com absoluta exatidão a si mesmo para saber o quanto é aparentado ao verdadeiro ouvinte estético, ou se pertence à comunidade das pessoas crítico-socráticas, basta perguntar-se sinceramente sobre a sensação com que acolhe o *milagre* representado no palco: se, frente a ele, porventura sente afrontado o seu senso histórico, orientado a uma rigorosa causalidade psicológica; se, com uma concessão benevolente, por assim dizer aceita o milagre como um fenômeno distanciado dele, compreensível à infância, ou se experimenta alguma outra coisa. Pois é assim que poderá medir até que ponto está realmente apto a compreender o *mito*, a imagem condensada do mundo, que, como abreviatura do fenômeno, não pode prescindir do milagre. No entanto, o provável é que quase cada pessoa, a um exame rigoroso, sinta-se tão minada pelo espírito crítico-histórico de nossa formação a ponto de apenas por via erudita, talvez, mediante abstrações mediadoras, conseguir tornar crível para si mesma a existência passada do mito. Sem o mito, porém, toda cultura perde sua sã força natural criadora: apenas um horizonte cercado por mitos fecha numa unidade todo um movimento cultural. Todas as forças da fantasia e do sonho apolíneo são salvas de seu vaguear ao acaso apenas graças ao mito. As imagens do mito têm de ser as guardiãs demoníacas, despercebidamente onipresentes, sob cuja proteção cresce a jovem alma, graças a cujos signos o homem interpreta sua vida e suas lutas: e mesmo o Estado não conhece leis não escritas[268] mais poderosas do que o fundamento mítico, que garante seu nexo com a religião, seu crescimento a partir de representações míticas.

Coloque-se agora ao lado disso o ser humano abstrato, conduzido sem mitos, a educação abstrata, os costumes abstratos, o direito abstrato, o Estado abstrato: tenha-se presente o vaguear desregrado da fantasia artística, não refreado por qualquer mito nativo: imagine-se uma cultura que não tenha uma sede primordial fixa e sagrada, mas esteja condenada a esgotar todas as possibilidades e a se nutrir escassamente de todas as culturas – isto é o presente, enquanto o resultado daquele socratismo dirigido à aniquilação do mito. E agora o homem sem mitos, eternamente esfomeado, está parado em meio a todos os passados e, cavando e revolvendo, busca por raízes, ainda que tenha de cavar à procura delas nas mais remotas antiguidades. Para o que aponta a descomunal necessidade histórica da insatisfeita cultura moderna, o ato de reunir em volta de si inúmeras outras culturas, o devorante querer conhecer, se não

268. Alusão à Antígona sofocliana, que apela a "leis não escritas" (versos 453-55).

à perda do mito, à perda da pátria mítica, do mítico seio materno? Perguntemo-nos se o agitar-se febril e tão sinistro dessa cultura é outra coisa senão os vorazes gestos de agarrar e de tentar apanhar comida próprios do faminto – e quem ainda daria alguma coisa a tal cultura, que, por mais coisas que devore, não pode ser saciada, e a cujo contato o alimento mais substancial e mais salutar costuma se converter em "história e crítica"?

Teríamos de desesperar dolorosamente também de nosso ser alemão se ele já estivesse inextricavelmente enredado com sua cultura, e inclusive se tornado um só com ela, do mesmo modo como podemos observar, para nosso horror, na França civilizada; e aquilo que, por longo tempo, foi a grande vantagem da França e a causa de seu descomunal predomínio, precisamente aquela unidade de povo e cultura, deveria obrigar-nos, a essa visão, a louvar a felicidade de que esta nossa tão questionável cultura até agora nada tenha em comum com o nobre cerne de nosso caráter popular. Todas as nossas esperanças estendem-se, antes, anelantemente àquela percepção de que sob essa vida da cultura e esse espasmo da formação, a oscilar inquietamente para cima e para baixo, encontra-se oculta uma força magnífica, intrinsecamente sã, antiquíssima, que, não obstante, apenas em momentos extraordinários se move com ímpeto e então volta a sonhar outra vez com um futuro despertar. Deste abismo cresceu a Reforma alemã: em cujo coral soou pela primeira vez a canção do futuro da música alemã. Tão profundo, corajoso e cheio de alma, tão transbordantemente bom e delicado soou esse coral de Lutero, como o primeiro chamariz dionisíaco que emerge de um matagal cerrado ao aproximar-se a primavera.[269] Respondeu-lhe, em eco de emulação, aquele cortejo festivo solenemente petulante de entusiastas dionisíacos aos quais devemos a música alemã – e aos quais deveremos *o renascimento do mito alemão!*

Sei que agora tenho de guiar o amigo, que acompanha com interesse, a um lugar elevado de contemplação solitária, onde terá apenas poucos companheiros, e brado-lhe de modo encorajador para que nos atenhamos a nossos luminosos guias, os gregos. Deles tomamos emprestadas até agora, para purificação de

---

269. Tal como fez com o pintor Albrecht Dürer, o século XIX elevou o reformador protestante Martinho Lutero (1483-1546) à categoria de figura modelar da cultura alemã. O "chamariz dionisíaco" é uma alusão ao mestre-cantor Hans Sachs (1494-1576), que, como adepto da Reforma, recomendou Lutero "a todos os que amam a verdade do Evangelho" na epístola poética *Die Wittenbergisch Nachtigall* [O rouxinol de Wittenberg], de 1523. (Wittenberg é a cidade alemã em que Lutero tornou públicas suas ideias reformistas; o rouxinol tem um canto melodioso e vive escondido em matagais fechados.) A alusão a Hans Sachs também remete à ópera wagneriana *Os mestres-cantores de Nuremberg*, em que essa figura histórica toma parte como personagem. A opinião de Nietzsche sobre Lutero – e sobre o "ser alemão" de um modo geral – mudaria bastante ao longo de sua obra; em *Ecce homo* ("O caso Wagner", § 2), de 1888, chama Lutero de "fatalidade de monge" e "monge impossível", imputando-lhe o fato de ter restaurado o cristianismo no momento em que este havia sido derrotado.

nosso conhecimento estético, aquelas duas imagens divinas, das quais cada uma domina por si um reino artístico à parte e sobre cujo contato e intensificação mútuos chegamos a ter uma ideia graças à tragédia grega. Teve de parecer-nos que o soçobro da tragédia grega foi causado por uma notável ruptura entre esses dois impulsos artísticos primordiais: processo com que se harmonizavam uma degeneração e uma transformação do caráter popular grego, incitando-nos a uma séria reflexão sobre o quão necessária e estreitamente a arte e o povo, o mito e os costumes, a tragédia e o Estado se encontram entrelaçados em seus fundamentos. Aquele soçobro da tragédia foi ao mesmo tempo o soçobro do mito. Até então, os gregos foram involuntariamente forçados a ligar todo o vivenciado de imediato a seus mitos, e inclusive a compreendê-lo apenas graças a essa ligação: motivo pelo qual também o presente imediato logo tinha de parecer-lhes *sub specie aeterni* [sob o aspecto eterno] e, em certo sentido, como atemporal. Porém, nessa corrente do atemporal submergiram tanto o Estado quanto a arte, para nele encontrar sossego frente ao fardo e à avidez do instante. E um povo – como, de resto, também um ser humano – vale exatamente apenas o quanto é capaz de imprimir o selo do eterno em suas vivências: pois, com isso, ele é por assim dizer desmundanizado e mostra sua inconsciente e íntima convicção quanto à relatividade do tempo e ao significado verdadeiro, isto é, metafísico da vida. Sucede o oposto disso quando um povo começa a compreender-se historicamente e a destroçar os baluartes míticos em volta de si: ao que usualmente se liga uma resoluta mundanização, um rompimento com a metafísica inconsciente de sua existência anterior, com todas as consequências éticas. A arte grega e, principalmente, a tragédia grega impediam sobretudo a aniquilação do mito: foi preciso aniquilá-las conjuntamente para, separado do solo nativo, poder viver sem peias na selva do pensamento, dos costumes e dos atos. Ainda agora, aquele impulso metafísico busca criar para si mesmo uma forma de transfiguração, embora atenuada, no socratismo, que impele a viver, da ciência: mas, nos níveis mais baixos, o mesmo impulso levou apenas a uma busca febril, que, pouco a pouco, perdeu-se num pandemônio de mitos e superstições coletados em todas as partes:[270] no meio do qual, contudo, o heleno ainda se achava com o coração insatisfeito, até aprender, com serenidade grega e leviandade grega, como gréculo, a mascarar essa febre ou a entorpecer-se por inteiro com alguma superstição orientalmente indistinta.

Desde o redespertar da Antiguidade romano-alexandrina no século XV, após um longo entreato[271] difícil de descrever, aproximamo-nos da mais cons-

270. Os mais conhecidos mitógrafos da Antiguidade foram Apolodoro (século I) e Diodoro (século I a.C.); o mais influente compêndio de mitos (de transformação) antigos são as *Metamorfoses*, de Ovídio (43 a.C.-17 d.C.); a *História natural*, de Plínio (23-79), é uma grande fonte de superstições antigas.

271. Isto é, todo o período, com suas revoluções científicas, tecnológicas e sociais, transcorrido da Renascença até o século XIX.

pícua maneira desse estado. Nos píncaros, a mesma superabundante vontade de saber, a mesma insaciada felicidade de descobridor, a mesma mundanização descomunal e, além disso, um vagar apátrida, um ávido meter-se em mesas alheias, uma leviana divinização do presente ou um afastamento apaticamente entorpecido, tudo *sub specie saeculi* [sob o aspecto do século],[272] do "tempo de agora":[273] idênticos sintomas que permitem inferir uma idêntica deficiência no coração dessa cultura, a aniquilação do mito. Dificilmente parece possível enxertar com êxito duradouro um mito estrangeiro sem, por meio desse enxerto, danificar irremediavelmente a árvore: a qual, talvez, seja forte e sadia o bastante para eliminar tal elemento estranho com terrível luta, mas, em geral, ela se consome, doente e atrofiada, ou num vicejar mórbido. Temos uma tão alta opinião do cerne puro e enérgico do ser alemão que ousamos esperar precisamente dele essa eliminação de elementos estrangeiros implantados à força, julgando possível que o espírito alemão se recorde de si mesmo. Talvez alguns acreditem que

---

272. Expressão que inverte a conhecida *sub specie aeternitatis*, "sob o aspecto da eternidade", proveniente da *Ética*, de Espinosa (5, 29-31).

273. Tradução literal de *Jetztzeit*. Schopenhauer já empregava o termo, também entre aspas e sempre com um tom pejorativo. Ver, por exemplo, *Parergos e paralipômenos*, v. 2, cap. 11, § 146: "No período atual [...] que [...] se denomina com o tão pretensioso quanto cacofônico termo 'tempo de agora', como se o seu agora fosse o agora por excelência, como se todos os outros agoras só tivessem existido para possibilitá-lo [...]".

esse espírito tenha de começar sua luta ao eliminar o elemento românico: para isso, poderiam reconhecer uma preparação e um encorajamento exteriores na valentia vitoriosa e na glória sangrenta da última guerra,[274] mas teriam de buscar o incitamento interior na competição por serem sempre dignos dos sublimes paladinos neste caminho, tanto de Lutero quanto de nossos grandes artistas e poetas. Mas que nunca acreditem poder lutar semelhantes lutas sem seus deuses domésticos, sem sua pátria mítica, sem um "restaurar" de todas as coisas alemãs![275] E se o alemão olhar em torno, hesitante, em busca de um guia que o leve de volta à pátria há muito perdida, cujas vias e veredas mal ainda conhece – que ele apenas escute o chamado deleitosamente aliciante da ave dionisíaca, que acima dele se balança e quer lhe indicar o caminho para lá.[276]

24.

Dentre os peculiares efeitos artísticos da tragédia musical tivemos de destacar uma *ilusão* apolínea graças à qual seríamos salvos da imediata unidade com a música dionisíaca, enquanto nossa excitação musical pode se descarregar num âmbito apolíneo e num mundo intermediário visível interposto. Aí

---

274. Nietzsche escreveu esta parte final sob a impressão da vitória alemã na Guerra Franco-Prussiana de 1870-71.

275. Nova alusão à doutrina teológica da restauração de todas as coisas no fim dos tempos; ver nota 269.

276. A imagem da ave a indicar o caminho com seu canto foi tomada da ópera wagneriana *Siegfried*, ato II, cena 2.

acreditamos ter observado como, precisamente devido a essa descarga, esse mundo intermediário do processo cênico, sobretudo o drama, tornou-se visível e compreensível a partir de dentro num grau que é inatingível em toda a restante arte apolínea: de modo que aqui, onde esta arte fora, por assim dizer, dotada de asas e carregada para o alto pelo espírito da música, tivemos de reconhecer a máxima intensificação de suas forças e, assim, naquela aliança fraternal entre Apolo e Dioniso, tanto o ápice das intenções artísticas apolíneas quanto das dionisíacas.

No entanto, precisamente com a iluminação interna dada pela música, a imagem de luz apolínea não alcançou o peculiar efeito dos graus mais fracos de arte apolínea; o que a epopeia ou a pedra animada[277] conseguem, obrigar o olho contemplador àquele calmo encanto com o mundo da *individuatio*, não foi possível alcançar aí, apesar da animação e da clareza superiores. Assistimos ao drama e penetramos com olhar perscrutador o seu interno e agitado mundo de motivos – e, no entanto, parecia-nos como se apenas uma imagem simbólica passasse junto a nós, cujo sentido mais profundo quase acreditávamos adivinhar e que, como uma cortina, desejávamos puxar a fim de ver por trás dela a imagem primordial. A mais viva clareza da imagem não nos bastava: pois esta parecia tanto revelar quanto ocultar algo; e, ao passo que com sua revelação simbólica ela parecia convidar ao rasgar do véu, ao desvendamento

277. Provável alusão aos mitológicos Orfeu e Anfíon, cujas habilidades musicais eram capazes de mover objetos inanimados.

do misterioso pano de fundo, precisamente aquela iluminada onivisibilidade, mais uma vez, mantinha o olho cativo e o impedia de penetrar mais fundo.

Quem não vivenciou isso, ao mesmo tempo ter de ver e ao mesmo tempo ansiar além da visão, dificilmente imaginará com que definição e clareza esses dois processos subsistem lado a lado e são sentidos lado a lado na contemplação do mito trágico: ao passo que os espectadores verdadeiramente estéticos irão confirmar-me que, dentre os peculiares efeitos da tragédia, essa justaposição é o mais notável. Se transpusermos esse fenômeno do espectador estético a um processo análogo no artista trágico, teremos compreendido a gênese do *mito trágico*. Ele partilha com a esfera artística apolínea o pleno prazer com a aparência e com o olhar, e, ao mesmo tempo, nega esse prazer e tem uma satisfação ainda maior na aniquilação do mundo visível das aparências. O conteúdo do mito trágico é, de início, um acontecimento épico com a glorificação do herói lutador: no entanto, de onde vem aquele traço, em si enigmático, de que o sofrimento no destino do herói, as mais dolorosas superações, as mais torturantes oposições de motivos, em suma, a exemplificação daquela sabedoria de Sileno,[278] ou, expressado esteticamente, o feio e o desarmônico, sejam representados em formas tão inumeráveis, com tal predileção, vez após vez, e precisamente na idade mais exuberante e mais juvenil de um povo, se nisso tudo não se percebe exatamente um prazer superior?

---

278. Ver nota 72.

Pois o fato de na vida as coisas realmente acontecerem de modo tão trágico é o que menos explicaria a origem de uma forma artística; se, todavia, a arte não for apenas imitação da realidade natural, mas precisamente um suplemento metafísico dessa realidade, posto ao lado dela para superá-la. O mito trágico, desde que realmente pertença à arte, também participa integralmente nesse propósito metafísico de transfiguração, próprio da arte em geral: mas o que ele transfigura quando apresenta o mundo fenomênico sob a imagem do herói sofredor? O que ele menos transfigura é a "realidade" desse mundo fenomênico, pois nos diz precisamente: "Olhai! Olhai bem! Esta é vossa vida! Este é o ponteiro das horas em vosso relógio da existência!".

E o mito mostrava essa vida, para assim transfigurá-la diante de nós? Mas se isso não é o caso, no que estará afinal o prazer estético com que também fazemos essas imagens passar junto a nós? Pergunto a respeito do prazer estético e sei muito bem que muitas dessas imagens, além disso, por vezes ainda podem gerar um deleite moral, por exemplo, sob a forma da compaixão ou de um triunfo da moralidade. Porém, quem quisesse derivar o efeito do trágico somente dessas fontes morais, como sem dúvida foi usual na estética por bastante tempo, que não acredite ter feito algo pela arte com isso: que, em seu campo, tem de exigir sobretudo pureza. Para o esclarecimento do mito trágico, a primeira exigência é justamente buscar o prazer que lhe é peculiar na esfera puramente estética, sem estender-se ao âmbito da compaixão, do medo, do moralmente sublime. Como podem o feio e o desarmônico, o conteúdo do mito trágico, causar um prazer estético?

Aqui torna-se necessário que nos lancemos com um ousado ímpeto para dentro de uma metafísica da arte ao repetir a tese já apresentada de que a existência e o mundo aparecem justificados apenas como um fenômeno estético: sentido em que precisamente o mito trágico tem de convencer-nos de que mesmo o feio e o desarmônico são um jogo artístico que a vontade, na eterna plenitude de seu prazer, joga consigo mesma. Mas esse fenômeno primordial da arte dionisíaca, difícil de apreender, apenas se torna compreensível por via direta e é imediatamente apreendido no prodigioso significado da *dissonância musical*: como, em geral, apenas a música, colocada ao lado do mundo, pode dar um conceito do que cabe compreender por justificação do mundo como um fenômeno estético. O prazer que o mito trágico causa tem a mesma pátria da sensação prazerosa da dissonância na música. O dionisíaco, com o seu prazer primordial sentido mesmo na dor, é o seio materno comum da música e do mito trágico.

Entretanto, ao recorrermos à relação musical da dissonância, esse difícil problema do efeito trágico não teria sido essencialmente facilitado? Agora compreendemos, afinal, o que significa querer olhar a tragédia e ao mesmo tempo ansiar por ir além do olhar: estado que, em relação à dissonância artisticamente empregada, teríamos de caracterizar afirmando que queremos ouvir e, ao mesmo tempo, ansiamos ir além do ouvir. Esse aspirar ao infinito, o bater de asas do anelo por ocasião do supremo prazer com a realidade nitidamente percebida, lembram que em ambos os estados temos de reconhecer um fenômeno dionisíaco, que nos revela, vez após vez, o construir e o demolir brincalhões do mundo individual como o resultado de um prazer primordial, de um modo semelhante ao que Heráclito, o Obscuro, compara a força formadora de mundos a uma criança que, brincando, desloca pedras para lá e para cá, e constrói montes de areia e os desmancha em seguida.

Para, portanto, avaliar corretamente a aptidão dionisíaca de um povo, teríamos de pensar não apenas na música do povo, mas, de modo igualmente necessário, no mito trágico desse povo como sendo a segunda testemunha dessa aptidão. Dado esse estreitíssimo parentesco entre música e mito, cabe supor, da mesma maneira, que com uma degeneração e uma depravação de um se ligará um estiolamento do outro: ainda que, de outro modo, no enfraquecimento do mito em geral se expresse uma debilitação da capacidade dionisíaca. Porém, uma olhada ao desenvolvimento do ser alemão não nos deveria deixar dúvidas acerca de ambos: tanto na ópera quanto no caráter abstrato de nossa existência sem mitos, tanto numa arte degradada à categoria de diversão quanto numa vida guiada pelo conceito, revelou-se a nós aquela natureza do otimismo socrático, que é tão inartística quanto corrosiva da vida. Para nosso consolo, porém, havia sinais de que, apesar disso, o espírito alemão, dotado de excelente saúde, profundidade e força dionisíaca intactas, feito um cavaleiro deitado a dormir, descansava e sonhava em um abismo inacessível: abismo do qual a canção dionisíaca ascende até nós para nos dar a entender que esse cavaleiro alemão ainda agora sonha com seu antiquíssimo mito dionisíaco em visões venturosamente sérias. Que ninguém acredite que o espírito alemão tenha perdido para sempre sua pátria mítica quando tão claramente ainda compreende as vozes das aves que falam dessa pátria. Certo dia, ele se achará desperto em todo o frescor matinal de um desmedido sono: então matará dragões, aniquilará os pérfidos anões e despertará Brünnhilde – e a própria lança de Wotan não poderá bloquear seu caminho![279]

Meus amigos, vós que acreditais na música dionisíaca, também sabeis o que para nós significa a tragédia. Nela temos, renascido a partir da música, o mito trágico – e nele podeis esperar tudo e esquecer o mais doloroso! Mas o mais doloroso é para todos nós – o prolongado aviltamento sob o qual o gênio alemão, afastado de sua casa e sua pátria, viveu a serviço de pérfidos anões. Compreendeis as palavras – como também, por fim, compreendereis minhas esperanças.

---

279. O "cavaleiro alemão" é uma alusão a Siegfried, que dá nome à terceira parte da tetralogia wagneriana *O anel dos nibelungos*. Siegfried compreende o canto das aves, mata Fafner, gigante em forma de dragão (ato II, cena 3), e o anão Mime (ato II, cena 4) para obter o tesouro dos nibelungos, e destrói a lança de Wotan, pai dos deuses, para chegar a Brünnhilde (ato III, cena 3), assim dando início ao "crepúsculo dos deuses", que, por sua vez, intitula a última parte da referida tetralogia (as duas primeiras são *O ouro do Reno* e *A valquíria*).

25.

A música e o mito trágico são da mesma maneira expressão da aptidão dionisíaca de um povo e inseparáveis um do outro. Ambos provêm de um âmbito artístico que está além do apolíneo; ambos transfiguram uma região em cujos prazerosos acordes esmorecem encantadoramente tanto a dissonância quanto a terrível imagem do mundo; ambos brincam com o aguilhão do desprazer, confiando em suas artes mágicas sobremaneira poderosas; ambos justificam por meio dessa brincadeira inclusive a existência do "pior dos mundos".[280] Aqui, medido pelos critérios do apolíneo, o dionisíaco se mostra como a eterna e originária força artística que chama à existência todo o mundo do fenômeno: no meio do qual se requer uma nova aparência transfiguradora para manter preso à vida o animado mundo da individuação. Se pudéssemos

---

280. Formulação que se opõe frontalmente à alegação de Leibniz de que este é o melhor dos mundos possíveis. Ver Schopenhauer, *O mundo como vontade e representação*, v. 2, livro 4, cap. 46, "Da nulidade e do sofrimento da vida": "No entanto, às provas de Leibniz, palpavelmente sofísticas, de que este é o melhor dos mundos possíveis, pode-se inclusive contrapor séria e honestamente a prova de que ele é o *pior* dos mundos possíveis". E Schopenhauer aduz exemplos: eventuais perturbações na órbita da Terra poderiam acabar com o mundo; forças geológicas, como as que se manifestam nos terremotos e vulcões, poderiam acabar com toda a vida; alterações atmosféricas poderiam ter o mesmo resultado; a fragilidade dos órgãos dos animais e dos humanos os ameaça constantemente; a vida individual da maioria dos seres humanos se consome na incessante luta pela existência.

imaginar uma encarnação da dissonância – e que outra coisa é o ser humano? –, essa dissonância, a fim de poder viver, precisaria de uma magnífica ilusão que lhe estendesse um véu de beleza sobre seu próprio ser. Essa é a verdadeira intenção artística de Apolo: em cujo nome resumimos todas aquelas inúmeras ilusões da bela aparência que, a todo instante, tornam a existência realmente digna de ser vivida e impelem ao vivenciar do instante seguinte.

Apesar disso, a respeito daquele fundamento de toda existência, do subsolo dionisíaco do mundo, pode entrar na consciência do indivíduo humano exatamente apenas o tanto que pode ser outra vez superado por aquela força transfiguradora apolínea, de maneira que esses dois impulsos artísticos são forçados a desdobrar suas forças em estrita e recíproca proporção, segundo a lei da eterna justiça. Onde as potências dionisíacas se erguem tão impetuosamente do modo que vivenciamos, Apolo, envolto numa nuvem, também já precisa ter descido até nós; ele, cujos mais exuberantes efeitos de beleza decerto serão vistos por uma próxima geração.

No entanto, o fato de esse efeito ser necessário é algo que cada um sentirá com a maior certeza, por intuição, se alguma vez, mesmo que em sonho, sentiu-se transportado a uma existência helena antiga: ao caminhar sob altas colunatas jônicas, erguendo o olhar a um horizonte recortado por linhas puras e nobres, a seu lado reflexos de sua figura transfigurada em mármore luminoso, à sua volta pessoas caminhando solenemente ou movendo-se com delicadeza, com sons que ressoam harmonicamente e com gestual rítmico – diante desse contínuo afluir da beleza, não teria ele de exclamar, erguendo a mão a Apolo: "Bem-aventurado povo dos helenos! Quão grande tem de ser Dioniso entre vós se o deus délico[281] julga necessários tais sortilégios para curar vosso delírio ditirâmbico!".[282] – No entanto, a alguém assim disposto, um encanecido ateniense, erguendo para ele o sublime olhar de Ésquilo, poderia replicar: "Mas dize também isto, ó tu, estranho forasteiro: o quanto teve de sofrer esse povo a fim de poder se tornar tão belo! Mas agora acompanha-me à tragédia e faze comigo um sacrifício no templo de ambas as divindades!".[283]

---

281. Apolo, que, segundo a mitologia, nasceu na ilha grega de Delos.

282. Nesta parte final, com o seu estilo hínico-sublime, Nietzsche toma como ponto de partida o hino ao Apolo do Belvedere apresentado por Winckelmann em sua obra *Geschichte der Kunst des Alterthums* [História da arte da Antiguidade], acrescentando-lhe, porém, a figura de Dioniso.

283. O convite faz lembrar, de início, a antiga cidade grega de Delfos, onde ambas as divindades eram cultuadas, mas, além disso, também o teatro construído na cidade alemã de Bayreuth para a encenação das óperas wagnerianas. Wagner o chamou de "templo", e nele, para Nietzsche, deveria celebrar-se o "renascimento da tragédia".

IMPRESSÃO:

PALLOTTI
GRÁFICA

Santa Maria - RS | Fone: (55) 3220.4500
www.graficapallotti.com.br